写给中国儿童的名

物理学之父
牛 顿

张芳◎主编

东北师范大学出版社
NORTHEAST NORMAL UNIVERSITY PRESS

写给中国儿童的名人传记故事

前 言

名人故事是名人一生经历的总结，可以点燃孩子心中的激情与梦想。许多伟大的历史人物，在青少年时期，确定自己的人生目标的时候，都曾经从名人身上寻找榜样，汲取动力。孩子在阅读名人故事的过程中，可以从名人身上吸取成功的经验，学习他们为获得成功养成的良好品质，以及面对困难时的积极、乐观的态度，以及刻苦努力、坚持不懈的精神，从而少走弯路，不断走向成功。

为此，我们特邀众多国内权威教育专家与一线教育工作者一起编写了这套《写给中国儿童的名人励志故事》。这套书精选了爱因斯坦、牛顿、贝多芬、居里夫人、富兰克林、爱迪生、霍金、诺贝尔、乔布斯和比尔·盖茨共十位极具代表性的国外名人，用生动、优美的语言详略得当地讲述了他们奋斗的一生。霍金虽身患重病但依然坚持科学研究、贝多芬不向命运低头、比

  尔·盖茨用软件改变世界……孩子在这些名人故事中可以领略到不同行业的风景,获得人生智慧,感受名人魅力。

  这套书不是简单地堆砌名人材料,而是选取他们富有代表性或趣味性的故事,以点带面,从而折射出他们波澜壮阔、充满传奇的人生和多姿多彩、各具特点的个性。另外,我们在每个章节后面,都设置了一个"成长加油站",将名人故事与孩子成长过程结合起来,从而使孩子收获成长的养分;而"延伸思考"版块则根据章节内容,向读者提问一到两个问题,引导孩子深入思考,获得启发。

  希望在这些名人的陪伴下,我们的小读者能够不断茁壮、健康地成长,成为一个对国家和社会有益的人!

目　录

第一章　科学巨人的降生……………………1

第二章　母亲改嫁…………………………5

第三章　小学生活…………………………9

第四章　爱动手的牛顿……………………14

第五章　牛顿的日晷………………………20

第六章　升入中学…………………………25

第七章　化学启蒙…………………………30

第八章　用水来计时………………………35

第九章　"彗星"的闹剧……………………39

第十章　回家务农…………………………45

第十一章　不称职的商人…………………53

第十二章　重回校园………………………59

第十三章　进入剑桥………………………64

第十四章	大学生活	69
第十五章	二项式定理	74
第十六章	突如其来的大瘟疫	77
第十七章	发明微积分	81
第十八章	苹果带来的启示	85
第十九章	墙上的"彩虹"	90
第二十章	科学新星	94
第二十一章	担任教授	101
第二十二章	加入皇家学会	104
第二十三章	《原理》的问世	107
第二十四章	从政生涯	114
第二十五章	巨人离世	120

第一章 科学巨人的降生

在英国,有个名叫格兰瑟姆的小镇,小镇附近有个叫伍尔索普的小村子。伍尔索普曾经有一位富人,他在这里建了一座庄园,可是没过多长时间,他的家族就没落了。17世纪的时候,这座庄园已经变得一片荒芜,里面的杂草长得甚至比人还高。

1643年1月4日,在伍尔索普,一位名叫汉娜的年轻女性产下了一个婴儿。刚生产完的汉娜身体十分虚弱,不过,出于母亲的本能,她仍然迫不及待地想要看一下自己的孩子。

助产的邻居赶紧将孩子抱到汉娜身边,可她刚看了孩子一眼,就难过地哭了出来。原来,这个孩子非常瘦小,比正常婴儿要小得多。要知道,婴儿出生时,平均体重在6斤左右,而这个孩子只有3斤重,仅仅相当于正常婴儿体重的

牛顿故居

一半！这怎能不让人感到担心呢？

"我可怜的孩子啊！你怎么这么弱小呢？"汉娜哭着说道。汉娜的母亲安慰她说："这个孩子是瘦弱了一些，不过你以后精心照顾一下，他一定能茁壮成长，将来成为一个了不起的人。好了，生下孩子应该高兴才对，你怎么哭了呢？赶快给这个孩子取个名字吧！"

母亲的这番话提醒了汉娜，她稍微想了想，就说："我们就叫他艾萨克·牛顿吧！"汉娜之所以要给孩子取这个名字，是因为这个名字对她来说，有着非常特殊的意义。

原来，艾萨克·牛顿正是孩子父亲的名字，不过，他在自己的孩子出生前三个月，得了一场重病，怎么治疗也不起作用，最后带着遗憾离开了人世。

汉娜与自己的丈夫感情非常深，为了纪念他，就给这个刚出生的孩子取了和丈夫一样的名字。这样一来，她就会感到丈夫并没有离开她，还是和她幸福地生活在一起。

窗外，寒风嗖嗖地吹着，荒凉的庄园里，干枯的野草随风摆动，好像是在警告人们冬天不要在外面活动。汉娜把小牛顿抱在怀里，望着窗外的一切。虽然寒风肆虐着大地，但她的心里却像春天般的温暖。没

伍尔索普村的自然风光

错，这股温暖正是小牛顿带给她的，有了孩子的陪伴，她就可以在没有丈夫的日子里继续生活在幸福当中。

在母亲汉娜的精心照顾下，小牛顿一天天地长大，身体也渐渐好了起来。他出生后两个月，看起来就与其他同龄孩子没什么两样了。

汉娜是个非常精明能干、要强又特别能吃苦耐劳的女人。牛顿出生没多久，她就利用孩子睡着的时间来到地里干活了。伍尔索普的土地非常肥沃，汉娜在离庄园不远的地方，种了几亩地。另外，她还在庄园里养了几头牛和几只羊。

白天，汉娜背着小牛顿来到地里，先把他哄睡着，之后把他放在一边的婴儿篮里，开始干活。这期间，只要婴儿篮里传来小牛顿的哭声，汉娜就会马上停下手里的活哄他安静下来。有时，小牛顿会对自己的母亲笑，每当这时，汉娜心里都会产生一种莫名的幸福感。

在小牛顿的陪伴下，汉娜不再因失去丈夫而感到孤单了。她白天带着孩子下地干活，晚上就回到庄园喂牲口、挤牛奶、剪羊毛。靠着自己的辛勤劳动，汉娜家的日子一天天好过了起来。

在小牛顿长到两岁大的时候，汉娜就把他交给了外祖母照顾。外祖母是个非常和善的老人，她对自己这个小外孙的疼爱，简直比妈妈汉娜还要多上几分。

成长加油站

小牛顿出生时,虽然身体很弱,但他身上却寄托着母亲对父亲和孩子双倍的爱。正是在这种强烈的母爱中,小牛顿才得以像正常孩子那样茁壮成长。

看过了牛顿幼年时期的经历,我们不禁要感叹:母爱是多么伟大啊!相信小朋友们也一定感受到了母亲对自己的爱,你们长大后,一定要像母亲爱你们那样爱她哦!

延伸思考

1. 牛顿的母亲为什么要给他起一个和父亲一样的名字?

2. 牛顿的母亲身上具有哪些优秀的品质?

第二章　母亲改嫁

牛顿三岁的时候，有一天，一个人来到了外祖母家里。一番寒暄后，那人提出要给汉娜做媒，说附近教堂里有个叫巴纳巴斯·史密斯的牧师，他是个非常不错的人，如果能和汉娜结婚，一定会带给汉娜幸福的。不过，他唯一的条件是汉娜不能带着孩子嫁给他。

听了这番话，老太太的心里非常矛盾，她既为女儿不用再守寡感到高兴，又为女儿改嫁后小牛顿今后的成长感到担忧。

这天，汉娜干完活回到家里，母亲把这件事告诉了她。汉娜听后拒绝了再次结婚的提议，说："现在我只想和小牛顿一起生活下去，和孩子在一起就是我最大的幸福。"

第二天，汉娜的哥哥来到了家里，原来，他和史密斯牧师很熟，这次也是来劝妹妹开始第二次婚姻的。他对汉娜说："史密斯说只要你愿意嫁给他，他就割让一块年租金50英镑的土地给你。有了这块土地，老太太和小牛顿就没有什么后顾之忧了，你也不用再过这种捉襟见肘的日子了。所

以，为了小牛顿，你还是嫁给史密斯吧。"

汉娜的内心受到了触动，说道："这样确实不错，可是我怎么舍得离开小牛顿呢？小牛顿从小就缺乏父爱，我再一走，他不就和孤儿没什么两样了吗？"

"我来照顾小牛顿，你还有什么不放心的呢？从他一出生，我就很疼爱他，看着他从一个小婴儿长成一个满地跑的活泼孩子，我对他的爱可一点儿都不比你少啊！再说你嫁过去后，要是想小牛顿了，可以经常回来看看，又不是从此就见不到他了。"

听了哥哥的这番话，汉娜无话可说。她转过头看着小牛顿，眼里充满了留恋。这时，她的眼角湿润了，不过，她可能是怕自己流泪的模样被小牛顿看到，就转过头，跨出了门，就这样离开了。

年幼的小牛顿还不知道妈妈要去哪里，不懂妈妈临走之前为什么用那样的眼神看着他。在他的意识里，妈妈白天要出去干活，晚上回来照顾自己。可是，这个夜晚，妈妈却没有回来，没有拥抱他，也没有在他睡着的时候亲吻他的额头。

起初，小牛顿心里虽然有些疑惑，但并没有表现出来。几天后，他再也忍受不了没有妈妈的生活了，就问外祖母说："妈妈什么时候回来啊？我都好几天没见她了。"外祖母只是含着眼泪看着他，对他说以后会照顾好他的。

第二章 母亲改嫁

可是，对小牛顿来说，就算外祖母对自己再体贴，也不能取代妈妈在他心目中的位置。相比之下，他更需要妈妈的陪伴。虽然小牛顿现在还不懂事，但他似乎也感到了妈妈的离开。他开始哭着闹着要见妈妈，还倔强地不肯吃饭。外祖母能有什么办法呢？她只能一个劲儿地哄小牛顿，陪着他一起掉眼泪。

日子久了，小牛顿渐渐明白妈妈不会回来了，便停止了哭闹。从这时候开始，他变得沉默寡言了，经常一天也不说一句话，只是做自己喜欢做的事情。有时，他自己一个人坐在台阶上，抱着膝盖，一声不吭地想事情；有时，他又跑到屋子里，找个地方坐下来，开始发呆，这样一坐就是一天。

外祖母发现牛顿做事情很专注，常常一做就是好几个小时，似乎是想通过这种方式从妈妈离开的悲伤中解脱出来。其实，外祖母不知道，小牛顿已经开始学会独立思考问题了。这期间，他的思维得到了拓展，留意到了很多母亲在身边时，他都没有注意到的细节。

小牛顿长大一些后，每天除了照常一言不发地思考很长时间外，还经常到庄园附近去探索一番。他跑到河边，观察河水的流动，观察那些漂在水面上的落叶、花瓣是如何运动的；有时，他也会一个人来到森林里，观察各种树木的特点，并聆听林间小鸟悦耳动听的歌声。这些都让他格外着迷，在没有母亲陪伴的日子里，大自然就不知不觉地开始在他心中扮演起了母亲的角色。

> **成长加油站**
>
> 母亲对小牛顿的爱是溢于言表的,她虽然离开了小牛顿,却是为了让他今后能够更好地成长。这告诉我们,虽然有时母亲会做一些表面上让人难以理解的事情,但她对我们的爱是从来都没有改变过的。

延伸思考

母亲的离开对小牛顿产生了怎样的影响?

第三章　小学生活

转眼间，小牛顿已经到了上小学的年龄。尽管和别的孩子比起来，他的个子显得矮小了一些，但他仍然精力充沛，心里充满了对知识的向往。在这之前，他已经彻底被充满奥秘的大自然征服了，对于大自然，他有无数问题想要找到答案。正因如此，他渴望能在学校中解开这些谜团。

那时候，其他的孩子都很贪玩，一听说要到学校去学习，没有了玩耍的时间，就格外排斥。这时，他们往往会不停哭闹，表现出非常不配合的态度。相反，小牛顿对上学这件事非常积极，每天早晨，天刚蒙蒙亮，他就从床上爬了起来，自己穿好衣服，不等外祖母去送他，就自己跑到学校里去了。

这所学校非常小，只有一间简陋的教室，是一所非常典型的英国乡村小学。这里的老师也很少，只有两个人。他们一男一女，男老师教文学、语法，女老师教算术。两位老师对学生们的要求都非常严格，上课的时候，总是把教鞭牢牢地攥在手里。谁要是稍微一走神，或是回答不出问题，就免不了要挨上两下子。

不过，一段时间后，小牛顿就发现学校这个地方似乎有些

物理学之父牛顿

"不适合"自己，这倒不是因为老师的要求太过严格，而是他自身的原因。他性格内向，沉默寡言，没有人愿意和他交往。不过，内心丰富的小牛顿根本就不在乎这些，照样特立独行地在学校里来来往往。不久后，一些同学就开始嘲笑他没有朋友，没人愿意和他玩。后来，竟然连老师也有些不喜欢他了。

起初，小牛顿并没有把这些放在心上，可日子久了，这些难听的话难免会对他的心情产生一些负面影响，让他感到烦躁。为了远离这些流言蜚语，重新静下心来，小牛顿一下课就跑到一个没人能找到他的地方，独自思考问题。

很显然，在老师和同学们眼中，牛顿变得更"自闭"了。不过，他们哪里懂得，世间万物都在等着这个"自闭"的孩子去发现，那些东西对他来说简直比万花筒中变化无穷的图案还要美丽一万倍！他不是在忍受孤独，而是在享受孤独。

一天，在语法课上，男老师像往常一样板着脸，面无表情地讲着课。由于他讲得一点儿也不生动，很多孩子听着听着，上下眼皮就不听使唤地往一块儿合。不过，为了防止挨老师的揍，大家都强忍着困倦，把神经绷得紧紧的，装出一副规规矩矩、认真听讲的模样。

同样，对牛顿来说，上这位老师的课也完全可以称得上是一种煎熬。不过，和其他孩子不一样，每当老师的目光向他这边投过来，他总是赶紧把头低下，不敢看老师。可他越是低下头，老师就越是叫他起来回答问题，他常常回答不出来，因此没少挨老师的揍。

小时候的牛顿虽然对大自然充满兴趣，渴望解开心中的谜团，可并不是个天才。相反，因为他总是独来独往，不和别人接触，遇到不懂的问题也不去找老师请教，而是自己冥思苦想，他的学习成绩并不突出，甚至还曾考过倒数几名。

17世纪的英国乡村小学

在当时，尽管社会上已经开始出现解放思想的呼声，但大多数人们仍然很保守，封建意识在他们心中根深蒂固。他们主观地把人分为三六九等，认为出身好的人生来就高贵，出身不好的人永远也别想飞上枝头变凤凰。

在学校里，这种思想同样很严重。别看很多孩子年纪不大，但封建思想已经开始在他们心中萌芽。他们不仅比身份高低、比吃比穿，还认为学习成绩差的同学是可以被歧视的低等人。显然，在这种思想的驱使下，小牛顿再一次被同学们推到了风口浪尖，成为了大家集中嘲笑、批判的对象。

一天，上完语法课后，大家如释重负般放松了下来。小牛顿照例自己走出教室，去找一个没有人的地方思考问题。在刚才的课上，他没能回答出老师提的问题，结果被打了好几下。

小牛顿一瘸一拐地往教室外面走去，这时，一个学习成绩不错的同学挡在了他面前，一副非常神气的样子。小牛顿看都不看他一眼，想从旁边绕过去。那个同学觉得牛顿的这

种行为是在向自己挑衅，就生气地在牛顿肚子上踢了一脚，还大声骂他是笨蛋。旁边的同学看到后，也跟着起哄。

肚子上的剧痛让小牛顿也来了气，他怒不可遏地朝那个同学发起了反击。大家从来没见过这样的牛顿，一时都被吓得愣在了原地。结果，在同学们的惊愕中，牛顿狠狠教训了那个故意找茬的同学。

这件事后，小小的牛顿心里开始思考起了一个连很多大人都不会去思考的问题：大家都是人，为什么要被分为三六九等呢？之后他又对自己说："难道那个同学学习成绩比我好，我就该被他欺负吗？我们都是一样的学生，我看他也未必就比我聪明。既然我能够用拳脚打赢他，也应该可以在学习成绩上超过他！是的，我一定要超过他，让大家对我刮目相看！"

从此，小牛顿坚定起这个信念，开始发奋读书。虽然他仍然觉得老师讲的知识很没意思，但想到别人对自己的嘲笑，就坚持要把这些知识弄懂、弄透。上课的时候，面对老师的目光，他再也不躲躲闪闪，而是聚精会神地跟着老师的思路走，专心记下老师讲的每个知识点，生怕一不留神遗漏掉任何小细节。

为了提高自己的成绩，小牛顿还尝试着改变自己的性格。遇到不懂的问题时，他开始主动向老师提问。渐渐地，老师也转变了之前对他的态度，慢慢喜欢上了他。

这样，经过一段时间的刻苦学习，牛顿的成绩有了明显的提高，从过去不被看好的"丑小鸭"变成了人人赞美的"白天鹅"。那个曾经嘲笑他的同学的成绩被他甩在了身

后，现在的他可是班里数一数二的好学生。在课上，他抢着回答老师提出的问题，每次都回答得非常正确。老师手里的那支教鞭也不再像梦魇一般让他感到恐惧了。

老师也慢慢发现牛顿并不像自己以前认为的那样，是个笨孩子。他尝试着去了解小牛顿，发现这个孩子的内心世界简直丰富得可怕，经常会思考一些连大人都觉得非常深奥的问题。这让他开始对牛顿另眼相看了。

成长加油站

牛顿上小学时的经历说明了性格会给人的成长带来重大影响。起初，牛顿只是把丰富的内心世界留给自己，不愿主动和老师、同学们接触，因此大家都认为他是个笨孩子。不过，在他敞开心扉后，一切都变得好了起来，最终他成为了老师心目中的好学生。

我们在与同学们接触的过程中，也要开朗一些，这样更容易融入到集体当中去，进而从中获益，使我们更好地成长。

延伸思考

1. 对于上学这件事，牛顿和其他孩子的不同点在哪里？

2. 是什么让牛顿的性格发生了转变？

第四章　爱动手的牛顿

17世纪的英国，资本主义经济开始萌芽。那时，人们可以通过自己的双手制造出铁壶、铁链等金属用具，还掌握了玻璃、镜片、机械钟表的生产方法。

出生在这样一个时代，让牛顿自幼就与做手工结下了不解之缘。牛顿很小的时候就掌握了锤子、锯、凿子、尺子等常见工具的使用方法，并把它们当成自己最好的伙伴。

小牛顿一有时间就带着这些工具跑到仓库里，找一些木料敲敲打打。他的动手能力非常强，在别人家的孩子吵着让父母给他们买玩具时，他已经拿起工具，按照自己的意愿制作起了喜欢的玩具。

小牛顿不仅给自己制作

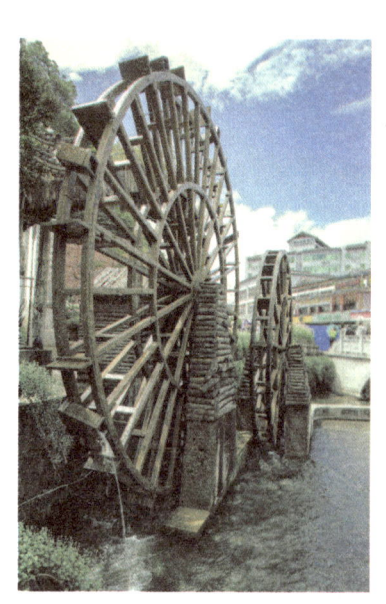

安装在河边的水车

玩具，还经常把这些玩具送给其他孩子，这也让他的朋友逐渐多了起来。有时，他还会主动帮别人制作玩具。一次，他见邻居家的小男孩已经长到三岁了，却连一个木马也没有，于是他就利用放学后的时间，到处搜集木料，之后找来锤子、凿子和锯，经过几天时间的敲敲打打，终于做好了一个木马。这个木马非常精致，表面也很光滑，一点儿也不比玩具市场上出售的木马差。

看着这件作品，牛顿满意地笑了。他带着木马来到了邻居家，邻居得知这个木马是他亲手制作的时候，简直不敢相信自己的眼睛，很长时间才缓过神来，之后又是感谢，又是夸他心灵手巧。

一天，放学后，牛顿来到了家附近的小河边玩耍，只见往常没什么人的小河边今天却人满为患。牛顿问身边的一个小伙伴说："今天这里怎么这么多人呢？他们在干什么？"

"你不知道吗？这里要安装一个水车。"小伙伴回答说。

"水车？是那种既可以把水送到岸上，又能用来驱动磨面机磨面的工具吗？"牛顿问道。

"嘿！你懂的可真多啊！他们安装的应该就是你说的那种水车。"

牛顿挠了挠头，腼腆地说道："其实我也是从书上看来的，并没有见过真正的水车。今天我可要好好看看大人们是

物理学之父牛顿

怎么安装水车的,我对这个很感兴趣呢!"

牛顿和小伙伴挤进人群里,经过一番努力,终于来到了人群前面。只见很多工人在河边忙碌着,水车的模样已经显露出来了。它有一大一小两个水轮,大的直径有四米多,小的也有两米多。工人们费了好大力气才将水车安装好,接着有人把村里的石磨抬了过来,安在了水车上。

在水流的作用下,水车的大轮子带着小轮子一起转了起来,小轮子后的石磨也开始转动了。这时,人们把麦子倒进石磨里,不一会儿工夫,它们就变成了白花花的面粉。小牛顿看到这些后,兴趣更浓烈了。他想:水车是如何带动石磨转动的呢?为了看得更清楚些,他跑到了水车边。经过一番仔细地观察,他终于弄清了水车的机械原理。他为了解到了新知识而感到高兴,不过这时他发现天已经黑了,人们早就散光了。

几天后,牛顿放学后又去看水车,只见几个农民在水车边指指点点,讨论着什么。有人说:"这水车虽然可以用来磨面,却太复杂、太笨重了,要是能轻便一些就好了。"

这句话传到了牛顿的耳朵里,他自言自语地说:"我能不能动手制造一个更简便的水车呢?"有了这个想法后,他马上跑回家里,拿出一张纸,在上面画着自己心目当中最完美的水车。他画了改,改了画,一连修改了好几天,最后总算满意了。于是,他就找来工具和木料,把水车从纸上

第四章 爱动手的牛顿

"搬"到了现实当中来。

这架小水车非常轻巧,用扇子一扇,轮子就随风转了起来。外祖母看到之后,乐得合不拢嘴,夸赞牛顿说:"艾萨克,你太聪明了,这个小水车太精巧了!"她摆弄着这个精致的小水车,对它爱不释手。

不久后,牛顿在外面玩的时候,一辆漂亮的马车远远朝自己驶了过来。马车离自己还很远的时候,牛顿就被它那优雅的车型、美丽的装饰深深吸引住了。他目不转睛地盯着这辆马车,自言自语地说:"我要是也有一辆这样的马车该多好啊!"

牛顿越想越入迷,突然,他的小脑袋里灵光一闪,想到:我为什么不能自己制作一辆漂亮的马车呢?

对于从小就喜欢自己动手制作玩具的牛顿来说,这根本不算什么。他信心十足地找来各种工具,又选取了上好的木板,准备制作小马车。

和之前制作水车一样,他先在纸上反复设计,直到对图纸感到满意后,才开始动手。在制

17世纪的英国马车

作车轮的过程中,他还有了意外发现,那就是了解了车轮转动的原理。

经过一个星期的敲敲打打,小马车终于制作完成了。这辆精致的小马车不仅可以走,而且还具有刹车功能。牛顿迫不及待地带外婆观看这辆小马车,外婆自然还是那么高兴。

当外婆看到车前端的手柄时,就问道:"这是什么东西呢?我从没在马车上见到过这个。"

"这是刹车器的手柄,如果想要让车子停下来,只需要拉动这个手柄,车子的速度就会降下来,最终停住。"牛顿解释道。

"这真是个实用的设计!我们赶紧把车子推出去试试吧!"外婆兴致勃勃地说。

"好的!"说罢,两人就把小马车推到了山坡上,牛顿坐了上去,外婆轻轻一推,车子便从山坡上溜了下来。这处山坡较为平缓,并没有那么陡峭,所以车子的速度并不是很快。

牛顿坐在车上,迎着风前进着。车子快到山坡下时,他拉动手柄,只见车子的速度真的降了下来,没往前走多远就停住了。

牛顿高兴地跳下马车,大喊着:"我的小马车太棒了!太成功了!"外祖母看到后,也露出了喜悦的笑容。

第四章 爱动手的牛顿

成长加油站

牛顿从小动手能力就很强,他不仅可以熟练使用各种常见的工具,还能用它们制作玩具,搞一些小发明。在不断的敲敲打打中,他既培养了自己的兴趣爱好,又让思维能力得到了显著的增强。

小朋友,如果你也想拥有一件自己梦寐以求的玩具,不如像牛顿一样动起手来,自己制作。相信最后你得到的不仅是手里的玩具,还有制作过程中的各种新发现。

延伸思考

1. 是什么让牛顿下决心制作一架精巧的小水车?

2. 牛顿制作的小马车与普通马车的不同点在哪儿?

第五章　牛顿的日晷

牛顿的童年生活虽然缺少母爱，但他依然过得很快乐。除了喜欢动手制作各种玩具、用具以外，他对画画也非常感兴趣，这个爱好帮助他完成了很多设计稿。

放学后，如果觉得没什么事可做，牛顿就会拿起笔和纸，到森林、河边、田野里去写生。他白天画阳光下的璀璨，晚上画月光下的宁静。总之，他对大自然中的一切都是那么着迷。

在不断的绘画中，牛顿也有很多发现。例如，他发现不同的树叶颜色也会有不同，尽管它们看上去都是绿色的，但颜色的深浅存在着一些差异。

不过，最令他感兴趣的发现是在一天的不同时刻，大树影子的位置会发生变化。随着太阳的升起，整棵大树的影子会逐渐由长变短，到太阳挂在正中的时候，树底下只有很小的影子。

自从发现了这个现象，牛顿就像着了魔一样，一有时间就会跑到树下观看影子的位置。为了弄清影子的变化规律，

他就找来一根小树枝,每隔一段时间就在地上做个记号,以便观察不同时刻影子的位置。经过一段时间的观察和总结,他发现树影长短的变化和太阳所处的位置有着直接关系。这让牛顿眼前一亮,原来太阳的运动也是和影子的变化一样,都是有规律的。

自从发现了这个规律,牛顿小脑袋里的思考就一刻也停不下来了。他想:既然影子会随着太阳的运动发生变化,那么能不能利用这个规律制作一个太阳钟呢?

要知道在当时,机械钟表是贵族们才玩得起的玩意儿,伍尔索普这种小村子里怎么可能有呢?村民们白天判断时间总是看太阳的位置,这样得出的时间很不准确,有时前后竟然差一个小时!如果能够发明一个准确的太阳钟,村民们就不用再为时间不准的问题感到困惑了。

有了这个想法后,牛顿立刻行动起来。他找来纸和笔,画了张草图。只见图中有一个圆,这个圆被平均分成了几个部分。圆心上插着一根针。完成设计以后,他就迫不及待地展现自己超乎常人的动手能力,没过多长时间,就将图纸上的太阳钟"搬"到了现实当中。

牛顿把他的太阳钟搬到外面,迎向太阳。之后,他找那位在课堂上不苟言笑的男老师借来了手表,把不同时刻针在圆盘上的影子记下来。就这样,一台准确的太阳钟诞生了。

不过,尽管牛顿发明的太阳钟可以准确的指示时间,但

物理学之父牛顿

在他眼里,这个钟还是显得太简陋了。为此,他一直在寻找更好的材料,准备制作一台更加精美、准确的太阳钟。

一天,牛顿出去玩耍时,发现一个废弃的磨盘被人遗弃在河边。磨盘很圆,他心想这不正是制作太阳钟最好的材料吗?于是,他叫来几个小伙伴,大家费了九牛二虎之力才把这个沉重的磨盘弄到了他家的仓库里。

之后,牛顿像制作前一个太阳钟那样,将磨盘平分成了几部分。之后开始在上面雕刻时间线。牛顿可是第一次用石头材料"做手工",石头比木头硬很多,所以他一刻就是好几天。

外祖母发现他一有时间就在一个大磨盘上敲敲打打,感到很好奇,就问道:"你凿这个大磨盘干什么?"

"我在制作一个太阳钟,它可以用来测量时间。瞧,我已经在这上面凿出了很多刻度,等全部凿完以后,再在它的中心插一根针就可以了。您看,中午吃饭的时候,针的影子就在这个位置。"

外祖母恍然大悟,说:"我以前见过这个玩意儿,

17世纪英国的太阳钟

它叫日晷。没想到你在做这个,真是太了不起了!"显然,牛顿的聪明才智大大超乎了外祖母的想象。在她过去的认识当中,小孩子们总是无忧无虑地玩耍,根本不会去考虑其他事情。自己这个小外孙的表现,不得不让她重新认识起小孩子来。

十多天后,牛顿的日晷终于制作完成了。他找人把日晷抬到了村庄中央,为全村人指示时间。听说这是牛顿亲手制作的,大人们都感到不可思议。反倒是那些经常和他一起玩耍的小孩子们非常淡定,说道:"这没什么稀奇的,牛顿的动手能力就是这么强!"没过多久,大家就都熟悉了日晷的用途,有了精准的作息时间。

一天,几个村民来到日晷前察看时间,其中一个人说道:"你还别说,这东西还真是管用。自从有了它,我家生活的方方面面都变得有规律了。家人每天都能按时下地干活、吃饭、睡觉。"

"是啊,这真是个实用的东西,没想到一个扔在河边的破磨盘还能起到这种作用。这要感谢牛顿那个孩子啊!"

"没错,牛顿那孩子从小就与众不同,喜欢动脑筋,他长大后一定会前途无量的!"几个人纷纷点头表示同意。

后来,牛顿成了闻名全欧洲的大科学家,村民们为了表示对他的尊敬,就将他制作的日晷称作"牛顿钟",一直使用了很久。

物理学之父牛顿

成长加油站

牛顿不仅动手能力强，还具有敏锐的观察力，善于发现隐藏在大自然中的规律。正是基于这两点，他才能制作出日晷，让村民们有了准确的作息时间。

小朋友们在平时也要注重培养自己的观察力，这样才能发现更多值得珍视的美好，进而更好地成长。

延伸思考

日晷是根据什么原理指示时间的？

第六章　升入中学

牛顿10岁的时候，早已成为了老师和同学们眼中的好学生，这时的他性格开朗，有很多好朋友，每天都很快乐。

可是有一天，离开他很多年的母亲汉娜再次出现在了他的眼前，给他的生活带来了很大影响。原来，那位名叫史密斯的牧师去世了，汉娜想到还留在伍尔索普村的牛顿，就带着自己与史密斯生的三个孩子回到了村里。

事实上，汉娜离开后，牛顿曾经恨过她，恨她在自己只有3岁的时候就抛下自己，改嫁给别人。所以尽管汉娜回来后想要和他亲近，他也总是不理不睬，甚至还有些排斥。

不过，他们毕竟是血浓于水的母子，经过一段时间的适应和调整，牛顿对母亲的态度渐渐好转了，也接受了那三个同母异父的弟弟妹妹。汉娜也一样，她之前一直在为牛顿不肯原谅自己而伤心，通过这段时间对牛顿的关爱，她重新在牛顿心里树立起了母亲的形象。

两年后，牛顿以优异的成绩从小学毕业了。那个时候，村里的孩子们在上完小学后，大都不再继续上中学，而是留

在家里帮家人干活，分担家庭负担。可牛顿不一样，他对知识的追求是永无止境的。从他下决心要成为好学生那天起，就决定小学毕业后还要读中学，将来还要读大学。不过，他从来没把这个想法告诉任何人，包括自己的外祖母和妈妈。

当时，英国的文盲非常多，十个人里七八个都不识字。这个比例在妇女当中就更大了。牛顿的外祖母和母亲都不识字，正是因为她们缺少文化熏陶，对生活的认识有限，目光往往会比较短浅。

牛顿小学毕业后，母亲汉娜觉得他已经认识很多字了，又有很强的动手能力，这就足够了，没必要再让他继续去读中学了。她想让牛顿多学着干一些农活，将来靠他支撑起整座庄园。

可对于牛顿今后的前途和命运，舅舅威廉却和母亲有着截然不同的看法。他是个有文化的人，在剑桥大学深造，即将成为一名教师。他严肃地对汉娜说："千万不要把牛顿当做普通孩子那样看待！他非常聪明，善于思考，还能靠自己的双手解决很多问题。你见过哪家的孩子有他这么棒？看到村里那个日晷了吗？那不就是他的杰作吗？相信我，这孩子长大后一定能取得了不起的成就，成为一个伟大的人。你不仅要让他读中学，将来还要让他读大学！"

听了这番话，汉娜有些惊讶，说道："你真的认为牛顿将来会有大出息吗？"

"当然。我在伦敦生活过很长一段时间，伦敦有几十万人，可我在那里却从没见过一个像牛顿这样的孩子。"

"好吧，就听你的吧！"汉娜最终同意让牛顿继续读书。其实，在母亲和舅舅谈论的时候，牛顿就在另外一间屋子里。他本想出去对妈妈表明立场，但因为舅舅已经说服了妈妈，他就不用自己去劝妈妈了。

眼看牛顿就要升入中学了，学校里的两位老师都很舍不得他。他对老师说："放心吧，我会永远记住你们的。有你们的鼓励，我升入中学后一定会更加勤奋、更加努力的！"两位老师听后，感动地流下了泪水，抱住他，在他的额头上亲了又亲。

伍尔索普村是没有中学的，牛顿要想读中学，必须去八英里外的格兰瑟姆镇。可每天来回走十六英里是一件非常辛苦的事情，汉娜怎么能让自己的孩子如此奔波呢？好在她的一位好友嫁给了格兰瑟姆镇的药剂师克拉克先生，要是让牛顿住在她家里，上学放学就方便多了。

想到这里，汉娜立刻给克拉克夫人写了一封信，商量让牛顿住过去的事情。没过几天，她就收到了回信。克拉

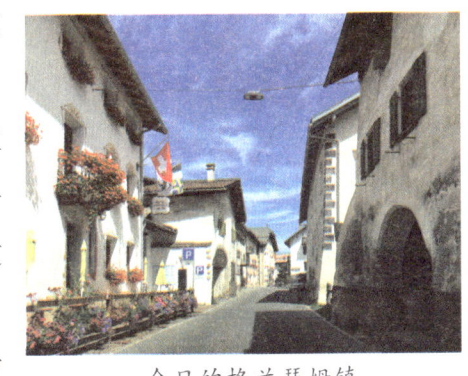

今日的格兰瑟姆镇

克夫人在信中说："快点儿让牛顿来吧！我们一家都很期待他的到来！"就这样，汉娜把牛顿送到了朋友家里。

牛顿被安排住在克拉克夫人家的阁楼里。这是一间温馨的屋子，牛顿只看了一眼就喜欢上了这里。住的地方解决之后，牛顿就开始在格兰瑟姆镇到处走，想要尽快熟悉这个地方。他以前从没到过这里，这儿的一切都让他感到好奇。

格兰瑟姆镇里住着几百户人家，这里有一所金格斯皇家中学，显然，这就是牛顿即将升入的学校。除此之外，这里还有一个行会会馆、一个教堂、两个旅馆和两座磨坊。牛顿仔细留意着镇里的各个地点，花了三天的时间才将这里转遍。

不久后，开学的日子到了，牛顿高高兴兴地来到了学校。和以前的小学比起来，这里可大多了，有很多间教室。学校里的孩子也很多，牛顿迫不及待地想要和他们成为好朋友。

而中学的课程也比小学丰富得多，牛顿每天都精力充沛，渴望学到更多知识。勤奋好学的他自然成为了班里的好学生，在之后的一次测验考试中，他取得了第一名的好成绩。因此，开学后不久，老师就喜欢上了他。

除了学习以外，牛顿对于和同学间的友情也非常重视。为了与同学们更好地相处，他还经常把自己的工具带到学校，在课余时间教大家做手工。同学们被他的手工技巧深深折服了，对他佩服得五体投地。

在金格斯皇家中学里，牛顿走到哪里都会成为大家眼中的焦点。又有谁会想到这个活泼开朗、聪明伶俐的孩子在小学时期曾有过一段不愉快的经历呢？

成长加油站

对于要不要让牛顿上中学这件事，母亲汉娜与舅舅威廉有着不一样的看法。事实证明，牛顿是属于学校的，他那勤奋好学的本性只有在学校中才能得到完全地释放。

在牛顿的心目当中，知识是最有魅力的东西，它不仅可以增长人的见识，还可以让生活变得丰富多彩。牛顿之所以取得后来的伟大成就，与这点是密不可分的。因此，我们也要像牛顿那样勤奋学习，不断丰富自己的学识，做一个学识渊博、对社会有用的人。

延伸思考

1. 母亲汉娜起初为什么不打算让牛顿上中学？

2. 在中学里，牛顿是怎样博得老师和同学的喜爱的？

第七章　化学启蒙

牛顿用了三个多月的时间，把学校图书馆中所有关于数学的书都读遍了。现在，他的数学水平已经远远超过了一般的中学生，完全可以和一个大学生相提并论。

在学习各种知识方面，牛顿非常"贪婪"，无书可读的日子对他来说简直太难熬了，他必须学点儿什么才行。一个周末，牛顿无聊地待在家里。突然，一阵细细的研磨声传进了他的耳朵里。

这是什么声音呢？牛顿一边想着，一边朝声音传来的方向走去。原来，身为药剂师的克拉克先生正在他的屋子里研磨药品，这种药品属于一种化学物质，处理的时候要格外小心谨慎。

牛顿搬到这里已经有好几个月时间了，可还是头一次碰到克拉克先生在家里制药。他走进了克拉克先生的屋子里，发现桌子上摆满了各种配药的仪器，还有烧杯、锥形瓶、酒精灯这类化学器具。

看到这里，牛顿的兴趣再一次被激发了起来，他目不转

第七章 化学启蒙

睛地盯着克拉克先生手里的动作,生怕错过了每个小细节。只见克拉克先生将一些蓝色粉末倒进了一个盛有水的烧杯里,那些粉末在水中迅速扩散,将整杯水都染成了透明的蓝色。之后,克拉克先生又往烧杯里倒入了另一种粉末,用玻璃棒搅拌后,杯子里的水立即失去了颜色,变回了原本的样子。

看到这里,牛顿简直不敢相信自己的眼睛,世上竟然有这么神奇的事情!这配药的过程简直太有趣了!牛顿这样想着。

牛顿那聚精会神的模样早就被克拉克先生看在了眼里,他将手里的活忙完后,笑着对牛顿说:"我的小牛顿,你也对配药感兴趣吗?"

"嗯,这真是太有意思了!刚才您把一杯水变成了蓝色,接着又让它恢复了原样。要是没有看到整个过程,我真以为您是个大魔术师呢!"

"哈哈,你的表现和我当年开始接触配药时完全一样。怎么样,要不要跟着我学习配药啊?"克拉克先生说道。

"您真的愿意教我吗?这可真是太好了!我之前已经把中学到大学的数学学完了,暂时没有什么新知识可以学,所以最近一直感到很无聊。现在我终于又找到乐趣了!"牛顿非常高兴,一副手舞足蹈的模样。克拉克先生也很高兴。

克拉克先生接着对牛顿说:"想要学习配药,就先得学

习一些化学知识，要知道配药的过程实际就是化学反应的过程。掌握了化学理论，在通过配药来加以实践，你的化学水平一定会得到突飞猛进的提升。"说罢，克拉克先生就从书架上取下了几本化学书，交给了牛顿。牛顿如获至宝，马上就看了起来。

几天后，牛顿已经了解了一些常见的化学元素及化学反应。和以前一样，他迫不及待地想要验证一下书中的知识，就找克拉克先生一起做实验。

在不断的实验中，牛顿除了对书中的知识有了更直观的认识，还掌握了一套科学的实验方法。克拉克先生毫无保留地将自己的各种实验技巧都传授给了他。

因为做化学实验需要极其仔细、认真，容不得一点儿马虎。实验做多了，牛顿也变得比以前更稳重了。每次实验前，他会精准地测量好每种药品所需要的量，接着才开始谨慎地进行后面每一步的操作。

正是因为牛顿细致入微的操作，实验过程从来没出过一点儿差错。这令克拉克先生感到非常欣慰，要知道当年他自己做实验的时候可是犯过不少错误的。显然，在这方面，牛顿已经超过了老师。

在一次实验后，牛顿在收集生成物时，发现了一种黏性非常强的物质。任何东西被它粘住，只要一小会儿工夫，就休想再拿下来。他不知道这到底是什么东西，不过，想到它

的黏性这么强，用它来做胶水是最好不过的了。

牛顿说做就做，把这些黏糊糊的东西收集到了一个瓶子里。之后开始动手制作一个风筝。以前，他制作风筝时会把面浆当做胶水使用。面浆湿的时候虽然很黏，但干了以后就会变得非常脆弱，效果往往不能让人满意。不过这次，他的新发现派上了用场，需要用到胶水的地方，他统统用这种新物质来代替。没过多久，一个崭新的风筝就做好了。

几天后，外面刮起了大风。要是在往常，牛顿绝对不敢在这时候把风筝拿到外面去放，这是因为用面浆粘的风筝很不结实，风一大，它就会被吹散。不过今天，牛顿却信心十足，他拿着这只全新的风筝来到外面，迎着风将它放了起来。

只见风筝在大风中悠然自得地飞着，好像是在享受着大风的抚摸，根本没有任何要散架的迹象。想到今后不用再为胶水的问题发愁了，牛顿就高兴得跳了起来。

因为牛顿早已把"生产"那种胶水的步骤牢记在心里，所以每当胶水用完后，他就重复起之前的步骤，再"生产"一些出来。当然，他也把制作胶水的方法告诉了自己的老师克拉克先生，让克拉克先生更加对他另眼相看了。

后来，牛顿又学会了调配颜色、制造墨水、提纯金属元素的方法。尽管他后来并没有成为一个化学家，但化学让他开拓了视野，对他今后的成功起到了非常积极的作用。

物理学之父牛顿

成长加油站

牛顿受到化学启蒙既源于他对知识的无限渴望,又与所处的环境有着密不可分的关联。在克拉克先生的教导下,牛顿在中学时就有了相当高的化学水平,并可以用化学来为自己的生活服务,做到了学以致用。

发生在牛顿身上的这些事情在我们今天看来,同样是非常有意义的。小朋友,如果你身边也有令你们非常感兴趣的东西,不妨大胆对它探索一番,也许在这个过程中,你会学到很多课本上学不到的知识呢!

延伸思考

1. 是什么让牛顿迷上了化学?

2. 克拉克先生在牛顿学习化学的过程中,给了他哪些帮助?

第八章　用水来计时

一个周末下午，对面杂货铺的老板跑到了克拉克家里，问道："克拉克先生，现在几点了？"

克拉克先生看了家里的钟表，回答说："快四点了。"

"哦哦，再过一个多小时，我的杂货铺就该关门了。"杂货铺老板一边说，一边往外走。实际上，他跑到这儿问时间已经不是一次两次了，每当天气不好，镇上的日晷不能用的时候，他就得来麻烦克拉克先生。

牛顿心想：克拉克先生家里比较富裕，买得起钟表，自然不用为弄不准时间而发愁。可其他人就不一样了，他们平时要么靠镇中心的日晷，要么靠沙漏来指示时间。日晷和沙漏的缺点是显而易见的——日晷除了只能在白天使用以外，遇到阴天下雨也无能为力；沙漏就更不准了，它每次漏完沙子需要的时间都会有差别，而且沙子总是在很短时间就漏完，满足不了长时间计时的需要。

能不能制作一种既不受天气条件限制，又精确的计时工具呢？牛顿心里立刻产生了这个想法。

物理学之父牛顿

常见的水钟类型

这时的牛顿已经阅读了大量科学著作,大脑中的知识量非常丰富,这让他的思维变得更加开阔,因而经常能够产生一些天马行空的想法。很快,他就有了思路,想起了曾经在一本书上看到过的水漏原理。

"我应该利用这个原理制作一个水钟,它一定可以精确的指示时间的。"牛顿坚定地对自己说。显然,相对于沙漏来说,水漏的优势是非常明显的。它里面流动的是液体,而不是像沙子那样的固体,因此流动起来比较顺畅。反观沙子,即使再细小的沙粒在流动时,相互之间也会产生摩擦力。这些摩擦力是导致沙流流速不稳定的罪魁祸首,它们的存在也正是沙漏没办法精确计时的原因。

有了目标,牛顿立刻拿来纸和笔,开始了水钟的设计。和往常一样,他一次又一次地修改设计稿,经过三个晚上的努力,才得到了令自己满意的方案。

那么,牛顿心目当中理想的水钟究竟长什么样子呢?其实它首先是一个大水箱,大约有1米高,上下各有一个蓄水槽。上面的水槽底部有一个洞,下面的水槽里则放着一块小木板,木板中间有一根木棒,木棒上系着一根绳子,绳子的

另一头是一个指针。

水从上面的水槽滴下来,在下面的水槽里越积越多,木板就会慢慢向上浮动,借助绳子的牵引,指针就可以指示时间了。由于每滴水滴下来的时间间隔都相同,所以水钟非常精准,非常实用。

有了这近乎完美的设计,牛顿马上开始动手将它打造出来。他的屋子里再次响起了"叮叮当当"的敲打声。只用了两个晚上,他就把水钟做出来了。之后,他在上面的水槽里注满水,开始观察每隔半小时指针所在的位置,然后将它标下来,画成刻度线。

等到一切都准备妥当后,牛顿迫不及待地把克拉克夫妇叫了过来,向他们展示自己的这一伟大发明。弄清了牛顿的设计思路后,克拉克夫妇简直乐开了花。克拉克先生抱住牛顿,在他的额头上亲了又亲,说道:"牛顿,你真是太了不起了!我敢肯定,你以后一定会成为一个了不起的科学家!"

牛顿被说得有些不好意思,挠了挠头,说道:"其实我做这个水钟的目的是为了方便镇上的人看时间。他们大多数人家里没有钟表,只能靠日晷、沙漏这些工具来计时,遇到阴天下雨,他们就弄不准时间了。您看,对面杂货铺的老板总是为没有精准的计时工具发愁,相信有了这个不受天气条件影响的水钟,他一定不会再苦恼了。"

听了这番话,夫妻俩发现牛顿不仅非常聪明,还有着一副替他人着想的好心肠,感到更高兴了。之后,他们一起帮牛顿把水钟运到了镇中心的位置,并把这件事告诉了镇上的所有人。

物理学之父牛顿

大家看到这台水钟，都纷纷赞叹牛顿的了不起，把他举了起来，朝空中抛了好几次。斯托克校长也来了，看到这一切，他真心为自己这个学生感到高兴，第二天就在学校宣布授予牛顿"优秀学生"称号。

成长加油站

牛顿发明水钟的目的是为了方便镇上的人看时间。通过一番努力，他总算为大家解决了计时难的问题。在制作水钟的过程中，牛顿再次将书中的理论成功应用到了现实当中来。这番实践让他对水漏原理有了更为深刻的理解和认识，他因此非常开心。

从牛顿制作水钟的故事当中，我们很容易理解"帮助他人，快乐自己"这句话的含义。小朋友，如果你努力去做一件对大家都有益处的事情，就能像牛顿那样，从其中感受到真正的快乐。

延伸思考

1. 牛顿制作的水钟具有哪些优点？

2. 造成沙漏计时不准的原因是什么？

第九章 "彗星"的闹剧

自从制作了水钟后,牛顿就成了格兰瑟姆镇的名人。在镇上,无论他走到哪里,人们都会向他投来赞赏的目光。在学校里,他也成了风云人物,经常被斯托克校长请到家里去做客。

一天,牛顿放学后,就带上一本书,到镇上的大树下去学习。他刚看了一会儿,周围就传来了孩子们的欢声笑语,原来他们在放风筝。

这时的牛顿已经从书中了解到了风速、风向这些知识,他觉得有必要再像以前一样实践一下。看到孩子们在放风筝,他又一次来了灵感:风筝不正好是检验风速和风向最理想的工具吗?他马上朝住处跑去,将自己之前制作的风筝找了出来。

"嘿!它还像以前那么牢固!"牛顿摸了摸手里的风筝,发出了这声感叹。紧接着,他就带着风筝来找那群快乐的孩子,和他们一起放风筝。

"今天刮的是东风,风筝都飞到西边去了。"牛顿自言自语地说。小伙伴们不懂这些知识,就问道:"你说的是什

么啊？什么是东风？"于是，牛顿一边放风筝，一边给孩子们讲起了风向的知识。大家听了都觉得大开眼界，不停夸赞牛顿懂的知识多。

几天后，风向有了改变，牛顿决定再带着风筝去实践一次，体验一下在另一种风向下放风筝的感觉。

不过，风起来的时候，天色已经有些暗淡了，再过不会儿，就要完全黑下来。牛顿想：我应该在风筝上面挂个小灯笼，这样就可以在黑暗中确定风筝的位置了。于是，他点亮了一个小灯笼，将它拴在了风筝下面，放飞到了空中。

不一会儿，天彻底黑了下来，月亮如约而至出现在了夜空中，星星不停地眨着眼。不过，此时此刻，天空中最耀眼的却并不是它们，而是挂在牛顿风筝下的小灯笼。看到这里，牛顿的脸上不由地露出了得意的笑容。

不过，看到小灯笼的可不止牛顿一个人，在镇上其他人眼里，小灯笼是一颗亮得吓人的星星。他们从没见过这种比月亮还要明亮的星星，纷纷猜测看到的是彗星。

那时的人们都很迷信，觉得天空中出现彗星是个不祥之兆，将会有不好的事情发生。一时之间，人们互相奔走相告，大喊着："彗星来了！彗星来了！"整座小镇都陷入到一片前所未有的恐慌之中。

不过，牛顿对这一切毫不知情，回到克拉克夫妇家里，听说彗星出现的事情，他还很好奇，想要亲眼看看彗星长什

第九章 "彗星"的闹剧

么样。可这时,天上却哪里还有"彗星"的影子呢?

听说彗星一般都会连续出现好几天,牛顿就决定第二天再观看。

一天后,风向似乎又有了改变,牛顿就顺便带上自己那挂着小灯笼的风筝,来到了一片草场。这里比之前那个地方更加空旷。当然,对牛顿来说,这儿除了地方更大以外,还是观测彗星最理想的地点。他点亮了小灯笼,将风筝放了起来,之后坐在地上,静静等待着彗星出现。

牛顿等了半天,也没有见到彗星的影子,可他不知道,这时整个小镇都炸开了锅。人们纷纷走上街头,相互议论着挂在夜空中的"彗星"。

"奇怪,昨天彗星还在西边,今天怎么就跑到东边去了?"人群中有人发出了这样的疑问。

"这正是彗星的可怕之处,它从不按常理出牌,总是我行我素,想怎么样就怎么样。我看这次咱们都在劫难逃了,唉!"

……

过了一会儿,人们似乎渐渐接受了厄运即将降临到自己头上的现实。说来也奇怪,这时的人们反而变得非常镇定,不像刚看到"彗星"时那么惊恐了。

远处的草场上,牛顿始终看不见彗星,上下眼皮不听使唤地想要"团聚"在一起。没过多久,他就打起了哈欠,

"看来今天彗星不会出现了,我还是赶紧回去睡觉吧!"说完,他就站起身,把风筝收了回来。

牛顿拖着疲惫的身子回到了克拉克夫妇家,刚一进门,就听到了克拉克夫人悲伤的哭泣声。

"您这是怎么了?发生了什么事吗?"牛顿赶紧跑到克拉克夫人身边,关切地问道。

"牛顿,刚才彗星又出现了,在天上待了很久呢!格兰瑟姆镇就要完蛋了,我们大家都活不成了,唉!"克拉克夫人悲伤地说。

"您说今天彗星又出现了?真奇怪,我在草场那边待了半天,也没看到彗星的影子。"

"彗星今晚就在草场那个方向,你怎么会看不见呢?你赶紧朝那个方向看。"

牛顿迅速奔了出去,朝草场方向的夜空里看了又看,可还是什么也没看到。"这可真是新鲜,怎么我一回来彗星就不见了呢?"

牛顿无奈地朝自己那挂着小灯笼的风筝看了一眼,突然,他恍然大悟,大家都说在刚才在草场上空看到了彗星,可自己却什么也没看到,莫非他们看到的是自己风筝下挂的小灯笼?"哎呀!这可真是糟透了!"牛顿一拍脑袋,为自己无意中闯下的"大祸"感到哭笑不得。他赶紧跑回屋子里,对克拉克夫人说了自己这两天夜里做的事。

第九章 "彗星"的闹剧

听了牛顿的话，克拉克夫人将信将疑，还是不敢完全放下心来。无奈之下，牛顿只好带她来到操场，再次将那只挂着小灯笼的风筝放了起来。

"您看到的是不是这个？"牛顿问道。

"对，没错，就是它！"克拉克夫人激动地说。原来这真的是个误会，这下总算不用担心了。为了消除镇上人的恐慌，她让牛顿继续在这里放风筝，自己去镇里把事实告诉大家。

镇上的人听到克拉克夫人的话后，也一样疑惑。为了让大家相信自己，克拉克夫人指着夜空中的小灯笼，对大家说："现在大家朝草场的方向看，是不是可以看到那颗'彗星'？"大家纷纷点头。

"那就是牛顿的小灯笼，他把它挂在了风筝上，之后放飞到了空中。我现在就带你们去看。"人们跟着克拉克夫人来到了草场，看到一切后，才终于舒了口气。

"昨天你是不是在西边放风筝？"有人问道。

"对啊。"

一切终于水落石出了，大家都不停地拍着胸脯，嘴里喊着"谢天谢地，谢天谢地……"一副劫后余生的模样。

划过夜空的彗星

物理学之父牛顿

"真是对不起，因为我的疏忽，给大家带来了这么大的麻烦。"牛顿诚恳地向大家道歉。虚惊一场后的人们，都在为不用遭受厄运而开心着，也就没有严厉责备他，只是说了他几句。

成长加油站

牛顿为了在夜空中快速找到自己的风筝，就在风筝下面挂了一个小灯笼，却没想到这种行为给镇上那些迷信的人带来了极大的恐慌。这本是无心之过，牛顿并不是故意渲染危险气氛的，因此人们发现这一切只是虚惊一场后，并没有太过严厉地责备他。

从这场"彗星"风波中，我们也能受到启发，就是在做事之前，应该充分考虑到事情的后果，千万不要等坏情况发展到非常严重的时候才后知后觉。

延伸思考

1. 牛顿夜里放风筝的目的是什么？

2. 牛顿对彗星的态度与镇上的人们有什么不同？

第十章　回家务农

转眼间，牛顿已经16岁了，他的中学生活也已经进入到了收尾阶段。原本他每天都过得很充实，很快乐，看看书，到处转转，顺便再搞点儿小发明，可就在这时，母亲汉娜的一封信却让他感到有些不知所措。

原来，汉娜在信中说想让牛顿尽快回家帮忙干农活，她知道这对牛顿来说是一件难以接受的事情，再想到自己过去曾经抛下过他，为了能够说服他，信中的言辞非常恳切，每一句都是那么地扣人心弦。

其实，汉娜这样做也是迫不得已的，自从牛顿到格兰瑟姆镇上中学后，她就必须一个人拉扯三个孩子，勉强可以维持生活。原本这样下去，她是完全没必要让牛顿回来帮忙的，但在这年的年初，她得了一场大病，现在还没有好利索，家里的农活就耽误了下来，实在是忙不过来了。

无奈之下，汉娜又想起了自己16岁的儿子牛顿。牛顿在村里的很多小学同学已经在家干了好几年活了，所以牛顿也完全有能力回来助自己一臂之力。

物理学之父牛顿

或许对于今天的人们来说，汉娜的这个决定显得非常愚蠢，这会耽误一个伟大科学家的一生。但事情并不能完全这样说，因为汉娜不仅经营着一座庞大的庄园，而且还管理着史密斯牧师留下来的农场。汉娜觉得自己当初愧对牛顿，想让他现在就回来熟悉家中的一切事务，成为一个农场主，以便将来继承这些财产。

收到母亲的信，牛顿的心里荡起了层层波澜，一刻也消停不下来。他反复读着信中的每句话，希望在其中找到一些挽回的余地，但母亲在字里行间流露出的真情却让他找不到任何拒绝的理由。他的心经过一阵挣扎，最终向母亲妥协了。纵使自己有多么不愿意放弃求学生活，他也不能让母亲一个人肩负那样沉重的负担。

第二天，牛顿来到学校对斯托克校长说明了一切，斯托克校长叹了口气，感到非常无奈，他不想失去这个优秀的学生，但考虑到牛顿的家庭状况，他也只好同意了。

办理完退学手续，牛顿又来向克拉克夫妇告别。他们与牛顿一起生活了好几年，早就把牛顿当成自己的孩子看待了，现在见他要离开了，夫妻俩都流下了伤

牛顿家乡的农场

心的泪水。牛顿安慰着他们,说自己以后还会经常来看望他们的。夫妻俩点了点头,目不转睛地看他越走越远。牛顿也很舍不得他们,一步三回头地往前走着。就这样,他离开了带给他无限快乐的格兰瑟姆镇。

回到家以后,牛顿开始了新的生活,他要放下纸和笔,放下那些与自己朝夕相伴的小工具,放下克拉克先生屋子里的化学实验,学着做一个农夫。从此,每天和他打交道的除了各种农作物,就是鸡鸭牛羊等家禽牲畜了。

一天清晨,天刚朦朦亮,牛顿还没有起床,母亲汉娜就来催他,说该去喂鸡了。牛顿只能强睁开双眼,钻出令人难以抽身的热被窝,穿衣起床。他顾不上洗漱,提着一袋玉米面就朝鸡舍奔去了。

说实话,牛顿以前只是认识鸡,可从来没仔细观察过它们。他刚一来到鸡舍,与生俱来的求知欲就一发不可收,好奇心立马占据了上风。他打算借着喂鸡的工夫,来了解一下鸡的生活习性,就蹲在那儿仔细看了起来。

其实,在牛顿来之前,母亲就嘱咐他进入鸡舍后一定要马上把门关上,防止鸡跑出来;另外,喂食的时候不要一下喂太多,免得那些鸡因为争抢食物而对同伴大打出手。可一旦牛顿进入了思考状态,这些就都被他抛到脑后去了。

他第一次喂食的时候就喂多了,只见几十只鸡一边疯狂拍打着翅膀,一边朝玉米面扑去。为了抢到更多食物,它

物理学之父牛顿

们打起架来。"鸡真是贪婪的动物!"牛顿发出了这样的感叹。

看着一群鸡在那儿争抢食物,牛顿觉得很没意思,就把目光转向了鸡舍里的饲养设施。他发现鸡舍的篱笆非常精致,但每次打开篱笆都要费很大力气。对于从小就痴迷于机械的牛顿来说,这里的自动化程度显然不能让他感到满意。他想要是能将这里的设施改装一下,一定可以节省不少人力,那样饲养起动物来,不就更方便了吗?

牛顿一边想着,一边把篱笆门打开走了进去,开始琢磨着怎样改装才能让它变得更好用。他一会儿动动这儿,一会儿摸摸那儿,完全没有注意到鸡正在一只只走出篱笆门。

牛顿想了一会儿,突然脑中灵光一闪,有了办法。正当他为此感到高兴的时候,一回头,发现鸡舍里的鸡跑得一只都不剩了!"哎呀!这可遭了!我只顾着研究,忘记关门了!"

他赶紧去寻找那些鸡,在外面的菜地里发现了它们。他费了半天劲,把自己弄得很狼狈,才把鸡赶回了鸡舍里。母亲汉娜得知这件事后,哭笑不得,再也不让他去喂鸡了。

既然牛顿不适合搞养殖,汉娜就教他在地里干农活。有了上一次的教训,牛顿干活的时候经常提醒自己要认真。可是,一旦中途停下来,他的思维就又回到了那些让他如痴如醉的科学知识上。

第十章　回家务农

　　地里有很多农夫和他一起干农活，他们也总是把自己的经验告诉给牛顿，让他受益匪浅。闲下来的时候，农夫们喜欢躺在农场外的草地上休息，然后惬意地点上烟，抽上几口，高兴了就再唱几句古老的凯尔特民谣。

　　而这时的牛顿却总是一个人跑到大树下坐着，仿佛从前那个性格孤僻的小孩又回来了。其实，他只是想一个人静一静，回忆上学时的那段美好时光。他挂念着斯托克校长、挂念着同学们、挂念着克拉克一家，甚至还挂念那只帮自己磨面的小老鼠。每当想起他们，牛顿的脸上就会洋溢出幸福的笑容，只有开工时的钟声才能将他从思绪中拉回来。

　　虽然从学生摇身一变成了农夫，但牛顿并没有完全将自己的兴趣爱好抛到脑后。不干活的时候，他仍然热衷于做手工，搞小发明。他见人们每次在水井边打水都要费很大力气，就动手制作了一个辘轳，将它安装到了井口。这个装置可以又快又省力地将水从井里打上来，村民们用了之后，都赞不绝口，夸赞牛顿又为村里做了一件大好事。自然，听到大家对儿子的夸赞，汉娜也非常高兴，为自己拥有牛顿这样的儿子感到骄傲。

　　不过，久而久之，汉娜渐渐感觉到，牛顿并不属于农场，他不是一个合格的农夫。她不止一次地发现牛顿总是带着书本去地里干活，只要一有闲工夫，他就会抱着书本仔细研读。显然，他对学习知识的兴趣远远超过了干农活。

物理学之父牛顿

一心想让牛顿继承家业的汉娜非常无奈，她想来想去，说道："算了，还是让他去放羊吧。这个活不是很累，有很多闲暇时间可以看书，应该比较适合他。"

就这样，牛顿放下了锄头，拿起了扬鞭，又变成了羊倌。和平时一样，他每天早上都会带着书本去放羊。到了草场，他就让羊进去尽情地吃草，自己坐在地上看书。因为草场四周都有围墙，所以他不用担心羊会跑丢。

有时，看书看累了，牛顿就会观察起羊吃草时的种种表现。他从不对羊跑到什么位置吃草横加干涉，因为在他的意识中，吃草是羊与生俱来的本能反应，选择吃哪个位置的草是它们的权利。

一段时间后，草场上的草被吃得差不多了，牛顿只好赶着羊群到离农场不远处的山坡上吃草。这些羊似乎已经熟悉了自己这位小主人的脾气秉性，知道他从来不会管它们，所以一到山坡上，就尽情地撒起欢来，一会儿就跑没影了。这时，牛顿还像往常一样坐在地上看书呢。

快到中午的时候，弟弟跑来找牛顿，对他说："哥哥，邻居跑咱们家告状来了，说咱家的羊啃了他家的庄稼！你的羊都哪去了？"

牛顿这才发现身边一只羊也没有了，大叫："糟了，我只顾着看书，忘了这里不是草场了！快跟我一起把羊找回来吧！"他拉上弟弟，急忙跑下山坡，没过多久就在邻居家附近找到了这些羊。他赶紧数了数,幸好没少一只羊。

母亲汉娜很生气,说了牛顿一通,然后带着他到邻居家道歉。牛顿只能低着头,听着人家的批评,事情发展到了这个地步,他又有什么可说的呢!

过了一段时间,母亲又让牛顿把家里的马牵到舅舅威廉家里去。牛顿接过马绳,就牵着马朝舅舅家的方向走去。舅舅住在邻村,走着去那里需要将近半个小时的时间。

路上,牛顿的脑袋里突然想起了之前在克拉克夫妇家里制作的那架小风车,既然它可以磨面,自然也可以为家里的牲畜们磨饲料,这样就省得母亲来做这些事情了。要是也在家里做一个小风车该多好啊!牛顿这样想着,他准备把马送到舅舅家以后,就开始制作风车。

想到马,牛顿就侧眼一看,结果眼前哪里还有马的影子呢?这可把牛顿急坏了。要知道,马可比牛羊值钱多了,要是把马弄丢了,母亲非大发雷霆不可。牛顿赶紧去找马,可找了一路都没找到。最后,他回到家里,发现马已经自己跑回了马厩里,卧在那儿睡觉呢。

牛顿松了一口气,心想终于不用挨母亲的骂了。可这却让母亲汉

牛顿家乡的农场

娜感到非常忧虑,难道自己真的错了吗?真的不该让牛顿回来干农活吗?至少从目前的情况来看,是这样的。"唉!"汉娜无奈地叹了口气。

成长加油站

牛顿虽然离开了学校,可他对知识的向往却并没有因此受到影响。在务农期间,他利用一切宝贵的时间来看书,丰富自己的知识,还替村民们解决了打水困难的问题。

小朋友,如果你也有自己喜欢做的事,并且它可以为你的成长带来好处,就要坚持做下去。不管身在何地,遇到什么困难,都要坚定信念,朝着自己的目标不断努力。

延伸思考

1. 斯托克校长为什么舍不得让牛顿离开学校?

2. 为什么说牛顿是个不合格的农夫?

第十一章　不称职的商人

自从牛顿退学回到农场，开始干农活以来，他在务农方面几乎没有做过一件像样的事情，这可让母亲汉娜操了不少心。既然他在干农活方面没有什么天赋，汉娜就开始思考起能不能让他去做生意这个问题。

汉娜觉得牛顿的头脑非常灵活，又精通数学，记账算账之类的事情自然难不倒他。再说做农场主也不一定非要懂得如何种田、放羊、管理牲畜，要是能做好生意，他将来也同样能把农场经营好。

汉娜越想越觉得商人这个角色最适合牛顿，于是她就把到格兰瑟姆镇卖农产品的活交给了牛顿。由于牛顿是第一次去经商，没有任何经验，为了以防万一，汉娜让家里的老仆人跟着他一起到镇上，以便随时指导他该如何去做。

听说要去格兰瑟姆镇，牛顿非常开心，他终于可以再见到克拉克夫妇、斯托克校长和同学们了。出发前的几天，牛顿一直在仓库里敲敲打打。原来，他决定一切从零开始，就先制作了一辆四轮马车。

今日的格兰瑟姆集市

牛顿在制作这辆马车的时候，可是动了不少脑筋的。他觉得传统马车非常难以驾驭，需要靠拉马绳来控制车子的行驶方向，对于他这种驾车新手来说简直是难于登天的事情。为了让马车更容易驾驭，他就将原来系绳子的地方换成了一个手柄，通过手柄的拨动让马匹明白该往哪边走。

当牛顿驾着这辆车在村里试验时，村民们看到后都啧啧称奇，没想到马车还可以这样驾驭。牛顿驾着马车在村里跑了几圈，证明自己对马车的改进非常成功后，就开心地笑了起来。

两天后，汉娜把货物装到了车上，之后，牛顿开心地和老仆人一起驾车朝格兰瑟姆镇驶去了。

经过一路颠簸，久违的格兰瑟姆镇终于出现在了牛顿的眼前。他高兴地大喊："亲爱的格兰瑟姆镇，我又回来了！"穿行在镇子的街上，这里的一切都是那么熟悉，那个放在镇中心的水钟依然在运作着，精确地指示着时间。

"瞧，这个水钟是我亲手制作的！"牛顿对老仆人说。

第十一章　不称职的商人

"真是了不起啊！回到家你不妨也在村里做一个水钟吧，村里的日晷阴天下雨的时候不能用。"老仆人说。

"没问题，我也正有这个打算呢！"

一会儿，他们就来到了集市上。把货物卸下后，牛顿就急着去拜访克拉克一家，让老仆人一个人卖东西。想起出发前汉娜的嘱托，老仆人本想叫住牛顿，让他专心经商，可看到牛顿那急匆匆的样子，他话到嘴边却说不出口。

来到自己曾生活了好几年的克拉克夫妇家，这里的一切仍然让他感到无比温馨。克拉克先生的女儿斯托勒见牛顿来了，高兴得冲上去抱住了他。一阵寒暄后，她赶紧拉着牛顿去看那架会磨面的小风车，只见它依然完好，随时可以运作。

"斯托勒，真是太谢谢你了，我不在的日子里，你竟然把这架小风车维护得这么好！"牛顿感慨地说。

斯托勒说道："这架小风车是你亲手制作的，看到它我就能回忆起从前你在这里生活时给我们一家人带来的欢乐。"

"嗯。对了，我今天来这里还有一个目的，就是想找你父亲借几本书看。"

"爸爸不在家，不过他曾经说过，只要你来，家里的书你随便看、随便借。"

"这可真是太好了，替我谢谢你父亲。"说罢，牛顿就

跑到克拉克先生的书房里，选了几本以前没看过的书。之后，他就带着书回到了集市。

老仆人见牛顿回来了，非常高兴，以为他要开始学着卖东西了。可他仿佛把这里当成了图书馆，一回来就坐下看起了书，根本就不叫卖。无奈之下，老仆人只有自己放开嗓子叫卖了。

晚上，回到家里后，汉娜见车上的东西都卖完了，非常高兴，就问牛顿集市上的事情。牛顿一整天都在专心致志地看书，哪里有心思去留意集市上的事呢？他支支吾吾回答不上来，只说了句："挺好的。"

第二天一大早，牛顿和老仆人又驾车出发了。可车子刚离开伍尔索普村没多远，牛顿就从车上跳了下来，对老仆人说："您帮我到镇上卖菜吧，我就在这儿等您回来。"不等老仆人答话，他就一头钻进了树林里，找了个地方读起书来。老仆人无奈地摇了摇头，独自驾车往镇上去了。

往后的日子里，牛顿天天如此，没有什么比书中的知识更能让他着迷的了。一天，舅舅威廉到镇上办事，完事之后，他突然想起牛顿现在正在镇上的集市里卖菜，就打算去看看。

来到集市后，威廉发现摊位上只有老仆人在叫卖，根本不见牛顿的影子。威廉在远处找个地方坐了下来，注意着摊位的情况，可等了半天，牛顿还是没有出现。"真奇怪，这

第十一章 不称职的商人

么半天了,牛顿去哪儿了呢?"威廉越想越觉得不对劲,他想要弄清这到底是怎么回事。

次日,威廉悄悄跟在牛顿的马车后,发现还没到镇上,牛顿就跳下车去,钻进了路边的树林里,把一切都交给老仆人来打理。

威廉跟进了树林,在一棵大树下发现了牛顿。只见他正趴在草地上,一手拿着书,一手拿着小树枝在地上画着什么。他是那么地聚精会神,以至于威廉都走到身旁了,他都没有察觉。

看到牛顿在地上画的图,再看他手里的书本,威廉一下明白是怎么回事了。原来,牛顿正在认真地思考着一个数学问题,他是那么专注,那么入迷。看到这里,一股莫名的骄傲和自豪在威廉心里油然而生,他的外甥牛顿不属于农场,也不属于商场,他天生就是块读书的料!

威廉没有打扰牛顿,他轻轻地退了回去,走出了森林。"我必须得想个法子说服汉娜,让牛顿重新回到学校读书。让牛顿去卖菜是在耽误一个

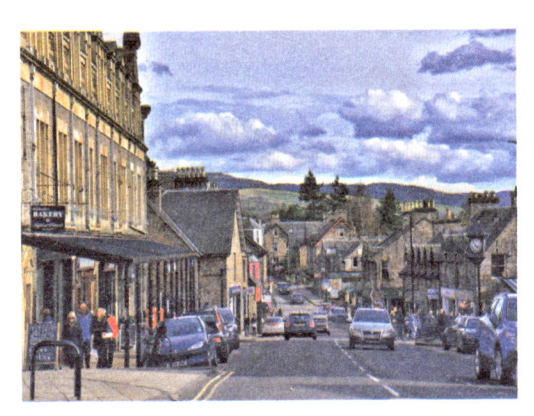

今日的格兰瑟姆镇

物理学之父牛顿

天才！"他坚定地说。

成长加油站

作为商人，牛顿非常不称职，甚至连一天菜也没卖过。不过，他有自己的理想和追求，这些对他来说比任何事情都重要。

从牛顿身上，我们可以看出他对自我的坚持，这种坚持超越了一切。即使他没有在学校里，对知识的向往也未曾改变。小朋友，坚定的求知欲是非常宝贵的东西，我们一定要像牛顿那样，不断丰富自己的知识，开拓自己的视野，这样才能成为一个博学而又有内涵的人。

延伸思考

1. 母亲汉娜为什么认为牛顿适合经商？

2. 发现了牛顿的秘密后，舅舅威廉为什么会感到自豪？

第十二章 重回校园

不久后,一场暴风雨席卷了整个英格兰,伍尔索普村自然也不能幸免。这天,狂风呼啸,暴雨倾盆,路边有很多大树都被刮断了树枝,那些还没来得及把根扎深的小树被连根拔起;浓重的雨雾笼罩着周围的一切,让人看不清东西。

这时,村里大多数人都战战兢兢地躲在屋子里,祈祷着千万不要出什么事。可汉娜却发现牛顿没有在家里。"外面这么大的雨,这孩子能跑到哪儿去呢?"心急如焚的汉娜不顾外面天气恶劣,冲出屋子去找牛顿。当她来到后院时,眼前的一切让她吃惊得呆立在了原地。

只见牛顿在暴风雨中不停地奔跑着,一会儿顺风跑,一会儿又逆风跑。一阵大风吹来的时候,牛顿跳了起来,落地后,他在地上画了个记号。

"你在那儿干什么?还不赶紧到屋子里来!"汉娜大声喊着。

"我正在测风速呢!风的力量可真大啊,我跳起来后,被风吹走了一大段距离呢!我还准备……"不等牛顿说完,

汉娜就把他拉进了屋子里,赶紧找了件干衣服给他换上。

汉娜心想:这孩子太容易被自己不清楚的事物吸引了,这么下去怎么得了?要是没有老仆人帮忙,让他一个人去经商,他一定会把一车货物都弄丢的。"唉!"想到这里,汉娜无奈地叹了口气。

暴风雨过去后,乡村的小路泥泞不堪,车子根本就没办法在上面走。"今天就不要去卖菜了,等路干了再去吧!"汉娜对牛顿说。

"嗯,好的。"听说不用去卖菜了,牛顿心里别提有多高兴了。他拿起书,躲在自己的房间看了起来,一边看一边用笔写着什么。

一会儿,舅舅威廉来到了家里,他双脚沾满了泥,就站在门外不进屋,把汉娜叫了出去。"舅舅来干什么呢?"牛顿很好奇,就悄悄跑到了门口,躲在门边。

"汉娜,我今天来是想和你说说牛顿的事情的。"听舅舅这么一说,牛顿的耳朵立马竖了起来,仔细地听着。

"牛顿可不是一般的孩子,他和村里那些成天疯跑、打架、玩泥巴的孩子不一样。相信我,他是一个天才,你不能把他困在农场里,要趁现在多让他学习一些知识,不能再这样耽误下去了。相信他长大以后,一定会非常有出息的,所以我强烈建议你把他送回学校去!"舅舅说的每字每句都在牛顿心里激起了共鸣。他非常激动,以至于双手都颤抖了

起来。

"不瞒你说,我也看出来了,牛顿这孩子根本不适合当农民。让他去喂鸡,他把鸡全弄跑了;让他去种地,他总是找时间偷懒,做自己的事情;让他去放羊,他又把羊放到了邻居家的菜地里。这些都不适合他,所以我又让他到镇上去卖菜,最近总算是做出点儿成绩了。"汉娜说道。

"你以为他能卖好菜吗?"说罢,威廉就把自己的发现告诉了汉娜。汉娜听后呆立在了原地。原来这些日子到镇上卖菜的只有老仆人一个人,自己的儿子又跑去看书了。

"天啊!这该如何是好啊!难道牛顿就没有一点儿成为商人的潜质吗?"汉娜抱着头,痛苦地说道。

没想到就在这个时候,家里又来了一个人。"咦?那不是斯托克校长吗?他怎么会来我家呢?"牛顿躲在门后小声嘀咕着。

只听斯托克校长掷地有声地说:"你好,汉娜夫人,我是来劝您让牛顿重新回到学校上学的。牛顿是个天才,您让他在家务农,只会毁掉他的一生。要知道,天才可是非常难得的,也许几百年才能出一个。要是牛顿就这样被埋没了,那对全人类来说都是极其重大的损失!"

听了斯托克校长的这番话,汉娜的内心被深深触动了,看来自己的儿子的确与众不同,自己以前真的错了。她点了点头,说:"好吧,那就让牛顿重新回到学校去吧!"

物理学之父牛顿

听汉娜这么一说,威廉和斯托克校长顿时如释重负,相视一笑。其实,斯托克校长是威廉特意找来的,为的就是劝汉娜让牛顿回学校读书。躲在门后的牛顿听说自己就要重返校园了,高兴地冲了出来,抱住了舅舅和斯托克校长,半天也没有松开手。

牛顿曾就读的金格斯皇家中学

不过,汉娜觉得牛顿要是离开了,自己又将有很长一段时间不能和他见面了。于是,她就让牛顿继续在家里待一阵子,母子俩好好增进一下感情。这段时间不让他干农活,他喜欢读书就让他读书。

秋天的时候,牛顿重新回到了金格斯皇家中学。斯托克校长带领全体师生给他准备了一场热烈的欢迎仪式。其实,在牛顿离开的这段日子里,老师们经常回忆起他上课时的活跃表现;同学们也总是想起他教大家做手工时的趣事。眼见牛顿回来了,他们当真是打心眼里高兴。

重返校园的牛顿更加珍惜这来之不易的学习机会,他不会浪费任何一点儿时间,就像海绵吸水那样,不停地吸收着各种知识。

毫无疑问,牛顿还是住在克拉克夫妇家里。对于他的归

来，克拉克一家都欣喜万分。特别是斯托勒，又能跟牛顿一起搞小制作、小发明了。

这次回到学校，牛顿只有一年的学习时间，到时候就该考大学了。牛顿心里早就给自己定下了目标，那就是全英国的最高学府剑桥大学。

成长加油站

牛顿之所以能够顺利重返校园，离不开舅舅威廉和斯托克校长的坚持。他们发现了牛顿身上的闪光点，觉得天才一定要物尽其用，不能埋没在茫茫人海之中。

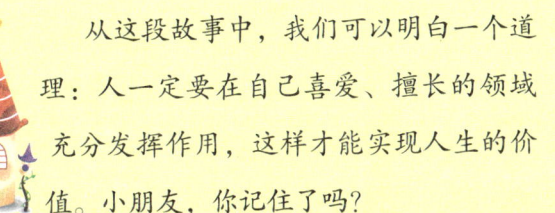

从这段故事中，我们可以明白一个道理：人一定要在自己喜爱、擅长的领域充分发挥作用，这样才能实现人生的价值。小朋友，你记住了吗？

延伸思考

1. 母亲汉娜发现了牛顿身上哪些与众不同的地方？

2. 重返校园后，牛顿为何格外珍惜这次学习机会？

第十三章 进入剑桥

在最后的中学生活中，牛顿每天都在夜以继日地学习。很明显，他一回到学校，就坐回了第一名的位置。不过他仍然不满足，要知道中学里能够学到的知识对他来说根本就是微不足道的，大多数时间里，他看的都是课外书籍。

一年后，也就是1661年，牛顿毫无悬念地以第一名的优异成绩从学校毕业。在毕业典礼上，斯托克校长极力夸赞了牛顿，对牛顿说："我做老师这么多年，还是第一次遇到像你这么优秀的学生，我想今后可能不会再有谁能超过你了。不过我能成为你的老师，我已经很知足了。"说着说着，斯托克校长的声音就有些颤抖了。眼见牛顿就要离开了，斯托克校长心里难免会有些伤心。

斯托克校长整理了一下心情，转过身对台下的师生们说："牛顿是我们学校最优秀的学生，将来这里极有可能沾他的光，成为举世瞩目的优秀学府。"多年后，斯托克校长的话应验了，金格斯皇家中学因为培养了牛顿而在全英国家喻户晓，学子们都渴望能到这里学习中学课程。

第十三章　进入剑桥

中学毕业后,牛顿回到家里,和家人商量之后的路该怎么走。这时的汉娜已经彻底抛弃了让牛顿留在农场的想法,她也坚信牛顿是个天才。

牛顿对母亲汉娜说:"我也想像舅舅那样,到剑桥大学去深造,成为一个学识渊博的人。"

"你舅舅也是这样认为的,他觉得你只有到那里去,才能将自己的一身才华充分施展出来。不过,读剑桥大学需要一大笔钱,咱家现在可能暂时拿不出这么多钱。"汉娜说道。

不过,过了一会儿,汉娜又说:"你舅舅在剑桥大学认识很多人,应该让他帮忙想想办法。"说罢,她马上动身去找威廉,把家里拿不出那么多钱的事告诉了他。

威廉说:"不用担心,这件事交给我来办。"他找到几位在剑桥教务处工作的朋友,将牛顿的情况介绍给他们;之后又找到斯托克校长,让他写一封推荐信给剑桥。很快,剑桥大学教务处就同意牛顿以减费生的身份进入学校学习。

得知自己的剑桥梦将要实现了,牛顿抑制不住内心的激动,他高兴地在农场里跑来跑去,嘴里大喊着:"我要上大学了!我要上大学了!"家乡的人们听说了这件事后,也都来为他庆祝。

几天后,牛顿告别了母亲汉娜,背上行囊,独自前往离家很远的剑桥大学。那时候,剑桥是一个离伦敦五十多公里远的小镇,它的大小只有伦敦的百分之一。一条名叫剑河的

河流在这里兜了个大圈，往东北方向奔腾而去。剑河上有很多桥梁，"剑桥"这个名字就是由此而来的。

牛顿在路上走了三天，终于来到了这所令他满心向往的学府。那时的剑桥大学可不像今天这样讲究人人平等，而是把进入其内学习的学生按照社会地位的高低分成了三六九等。

地位最高的贵族学生，他们在学校里有一些别人都没有的特权，而且不用参加考试。不管学习成绩如何，到了该毕业的时候，他们准能毕业。这些人平时总是一副高高在上的样子，就连吃饭也要坐在高桌上吃。那精致的长袍无时无刻不在炫耀着他们主人高贵的身份。

比贵族学生地位低一些的是普通收费生，他们的家境大多不错，承担得起剑桥大学那高昂的学费和住宿费。因为不缺钱，他们在学校里也很潇洒，想干什么就干什么。这些人毕业后大多都会加入英国的国教协会，在那里谋一份收入不错的差事。

地位最低的就是像牛顿这样的减费生了，他们要经常打些零工、参加各种服务工作，以此来弥补那被减掉的学费。

刚进入剑桥的时候，牛顿身上只带了一个喝水用的罐子、两根蜡烛、一把锁和一个140页的笔记本，生活用品少得可怜。不过，牛顿到这里可不是为了享受生活，他要将自己的精力都投入学习当中去。

在当时，剑桥大学的课程设置充满了中世纪色彩。今天人们所熟知的物理和天文学在当时被称作自然哲学，且教授的内容与

第十三章　进入剑桥

现在大相径庭，主要是亚里士多德等古代哲学家的思想。

对于这些已经在当时稍显过时的思想，牛顿的态度当然是嗤之以鼻的。他对当时社会上出现的新学说非常感兴趣。不过，在学校里，公开反对亚里士多德的哲学思想是不会有好果子吃的，因此，一些学者们表面上遵照学校规定给学生们传授着那些老套的东西，可背地里却热衷于研究各种具有开拓创新精神的新学说。

牛顿来到这里不久，就察觉个别老师在课上课下表现出的不同态度。渴望接受新思想的他自然而然地融入与进步学者共同交流的气氛当中。

就这样，一段时间后，牛顿的思维模式发生了很大转变。他掌握了一套归纳总结的方法，进而可以更加高效地把所学的知识梳理起来。

尽管牛顿以前已经积累了足够的知识量，但这些知识大多是杂乱无章的。它们被毫无章法地堆在牛顿大脑中的各个角落，始终不能形成一个相对完善的知识体系。

牛顿渐渐意识到，这些进步学者不仅向他传授了很多新思想，还将一

剑桥大学

物理学之父牛顿

套科学梳理知识的方法教给了他。只有掌握了这些方法，他才能尽可能多地往大脑里存入新东西，进而成为一个博学多才的人。这显然比单纯地吸收知识更有用。

成长加油站

中学毕业后，牛顿如愿以偿地进入剑桥大学深造。尽管在当时的历史背景下，他的地位非常低，可他始终坚持学习，并接受了新思想的熏陶，让思维得到了极大的拓展。

牛顿的这段经历告诉我们一个道理：不管所处的环境对自己多么不利，都不应该放弃理想，要不忘初心地坚持走下去，这样才能有所成就，充实起自己的内心。

延伸思考

1. 为什么牛顿中学毕业后想去上剑桥大学？

2. 进步学者们除了将新思想传授给了牛顿，还教给了他什么？

第十四章 大学生活

进入剑桥大学以来,牛顿每天都过得很充实。他原本是想利用一切时间来学习的,可一段时间后,他却发现自己遇到了瓶颈,似乎全世界的知识都被他学光了。

由于之前受到很多新思想的熏陶,暂时无法超越自己的牛顿就想:既然别人可以提出新学说,我为什么不能呢?我一定要建立自己的哲学思想!

牛顿清楚地认识到,新学说不是科学家们成天扎在屋子里憋出来的,而是他们在不断实践中发现并提出的。"看来我以前的学习方法需要改一改了,不然是很难有所突破的。"牛顿这样对自己说。

从此,牛顿经常参加各种科学实践活动,还养成了每天散步的习惯。

剑桥大学的校园很大,一天,牛顿来到了一个以前从没来过的地方。这里绿草如茵,雄伟的建筑在周围景色的映衬下,显得那么古朴而内敛。合唱队的学生们在这里唱着歌,悠扬的歌声飘到牛顿的耳中,让他的心情格外舒畅。

物理学之父牛顿

"说不定今天会有什么意外发现呢！这也许会成为我那还未出世的新学说的理论基础。"牛顿自我打趣地说。

远处竖立着亨利八世的雕像，牛顿慢慢走了过去，开始朝雕像上下打量起来。这座雕像非常高大，显示出了亨利八世作为国王的威严。不过，当牛顿的视线停在雕像右手处时，却发现这位国王的手里竟然攥着一个椅子腿。

"这是怎么回事呢？难道国王要用这个椅子腿打人吗？这就是我那新学说的来源？"牛顿一手平放在胸前，一手托着下巴，思考了起来。

这时，一位同学走了过来，对牛顿说："怎么样，很吃惊吧？"

牛顿下意识地点了点头。

"很多人第一次看到国王手里的椅子腿，都很吃惊呢！"

"难道你知道原因？"

"当然了。其实雕像刚竖起来的时候，国王手里握着的是象征王权的金色手杖。可是不久后，不知是谁那么喜欢玩恶作剧，趁人不注意的时候把手杖拔了出来，换上了这根椅子腿。"

"哈哈，真是太有趣了。可这么多年了，为什么一直没人把椅子腿换下去呢？"

"我想校领导们是觉得没必要吧，这不也说明学校对学

生非常爱护吗？要是换了别的地方，不仅这个椅子腿不能保存下来，那个恶作剧的学生也会遭殃的！"

听了这番话，牛顿若有所思地点了点头，也许自己在这里真的可以酝酿出新学说来。

因为牛顿是以一名减费生的身份进到学校的，所以他得经常去干各种零零碎碎的杂活，还经常替教授们跑腿。虽然这浪费了他很多时间，但他还是挤出一些时间来思考、学习，毕竟这才是他真正的乐趣所在。

事实上，剑桥这个地方还有另一个身份，就是英国的信息和商业中心。别看这里地方不大，那些想要发大财的商人们会从四面八方赶过来，参加著名的斯托尔桥市集。

来到集市上，牛顿被眼前琳琅满目的商品震住了。他以前从没逛过这么热闹的集市，这里的一切都显得那么新鲜。牛顿穿梭在集市的人群中，发现了一个书店。他马上走了进去，在书架上仔细搜寻着自己的"猎物"。

这次真是没白来，他果然发现了一本全新的数学著作。于是，他拿出自己省吃俭用攒下的钱，将这本书买了回去，仔细研读。

在剑桥大学学习一段时间后，由于掌握了科学的学习方法，牛顿在各方面都得到了发展，特别是数学方面，他的进步简直可以用突飞猛进来形容。

不过，拜学校里那森严的等级制度所赐，牛顿一直没能

物理学之父牛顿

剑桥大学教学楼

拿到本该属于他的奖学金。反倒是那些贵族学生们，一天到晚不干正经事，可一到发奖学金的时候，学校总是忘不了他们。

由于牛顿总是把攒下的钱都用来购买各种书籍，日子久了，他的生活变得越来越拮据。这时，远在格兰瑟姆镇的克拉克先生通过熟人了解到牛顿在学校的生活状况，就写信给妻子的弟弟巴宾顿，让他来照顾牛顿。就这样，在巴宾顿的帮助下，牛顿撑过了这段没有奖学金的日子。

像牛顿这样的人，自然不可能和那些贵族学生们混在一起。大学四年里，他只交到了一个真心朋友，这就是约翰·威金斯。和牛顿一样，他也是个性格内向却志向远大的人。两个志同道合的人走到一起，自然可以建立起深厚的友谊。

为了能天天在一起学习、探讨问题，他俩还向学校提出申请，住到了同一间宿舍里。就这样，两人在学习上互相鼓励，在生活上互相照顾，共同取得了巨大的进步。

第十四章 大学生活

成长加油站

在大学里,牛顿的生活过得非常充实,他既体会到了学习的乐趣,又感受到了生活的艰辛。或许,面对那些高高在上的贵族学生,他也曾在心里抱怨过现实的不公平,不过这并没有成为他前进路上的绊脚石。

在成长的道路上,我们也难免会被别人轻视。小朋友,只要记住"在任何情况下,都不要自己看不起自己"这句话,你也可以像牛顿一样,做到在逆境中毫不动摇。

延伸思考

减费生的身份给牛顿的生活和学习带来了哪些不便?

物理学之父牛顿

第十五章 二项式定理

为了创建出自己的学说,牛顿每天都会挤出一些时间到学校的图书馆里查阅资料。图书馆里有超过3000本书,这在现在看来根本不值一提,可在当时,这个藏书量却可以被看作一个天文数字。

大学四年里,牛顿仔细阅读了图书馆里的每一本书,他几乎掌握了当时人类认知范围内的一切科学知识。不过,在自己的不断实践中,牛顿认识到数学才是研究自然规律最好的工具,所以没少在数学方面下苦功。

一天,一位名叫巴罗的教授在课堂上说的一句话对牛顿产生了触动,他说:"很多看起来理所应当的事情并不一定都是正确的,我们必须用严谨的理论去解释它们的本质,这样才能避免让自己随波逐流,或是以讹传讹。"

牛顿终生都牢记着这句话,因此,他一生中所有的研究成果,都是经过反复论证,确认无误才公开的。他也因此成为科学界最严谨的学者。

1665年,牛顿已经是一位大学四年级学生了。一天,他

第十五章 二项式定理

在研究数学问题时，脑海中突然灵光一闪，随即就在纸上写了起来。原来，他发现了两个数之和的整数次幂与类似项之和间的关系，经过一番推导，他列出了一组恒等式。

"这真是个了不起的发现！"牛顿一口气将公式推导完之后说道。这时，巴罗教授的话在他的大脑中响了起来，于是，他又赶紧用其他数学方法来证明自己的新发现。经过五六次验证后，他终于确定自己这个发现是没有任何错误的。

"我成功了！"牛顿高兴地大喊着。不过，高兴之余，另一个问题却摆在了他的面前，就是该为这个新发现取个什么名字好呢？

经过一番思考，牛顿的心里有了答案，"就叫它二项式定理吧！"

第二天，牛顿就把自己的这一发现公之于众，全校的师生都感到无比震惊，他们也开始检验起了二项式定理的正确性，最后自然得出了肯定的答案。

一时间，牛顿成了风云人物。在学校里，无论他走到那儿，都会有无数双眼睛向他投来赞许的目光。这种感觉让他感到很亲切，因为以前在中学时，他就受

牛顿的数学手稿

到过这样的待遇。

二项式定理在数学、物理、天文学等方面有着广泛的应用，特别是在银河系星球数量的计算中能够获得立竿见影的效果。自从它被公开的那天起，立即得到了科学界的认可。

后来，牛顿又以二项式定理为基础，创建出了高等数学中最具代表性的微积分。

成长加油站

在二项式定理提出之前，牛顿每天都在不停地吸收知识。他甚至读遍了剑桥大学图书馆里的每一本书。正是由于积累了丰富的知识，才为他提出二项式定理创造了条件。

牛顿的这段经历很好地阐释了从量变到质变的道理。小朋友，当你为了目标不断奋斗时，你在这个过程中的任何付出都将会被积累起来，直到它到达一定数量后就能给你成功。所以，如果你有了奋斗的目标，就像牛顿那样朝着目标不断奋斗吧！

延伸思考

1. 巴罗教授说的哪句话对牛顿产生了触动？

2. 二项式定理的发现给牛顿带来了什么？

第十六章　突如其来的大瘟疫

牛顿提出二项式定理后没多长时间,就以优异的成绩拿到了剑桥大学的毕业证书,并取得了学士学位。他还被学校评为具有突出贡献的校友,获得了很高的荣誉。

原本,学校打算让牛顿留下来,继续在这里进行科学研究。牛顿也正有此意,毕竟这才能带给他真正的快乐。眼见自己一直追求的生活就要来临了,牛顿心里无比激动。可就在这时,一场突如其来的重大变故将一切都打乱了。

一天,在实验室里做了一整天光学实验的牛顿拖着疲惫的身体回到了宿舍。他发现好友约翰·威金斯的脸上一副十分惊恐的表情。

这可真是新鲜,要知道他平时可是一个喜怒不形于色的人。

"你今天是怎么了?一副惊慌失措的样子。"牛顿问道。

"太可怕了!太可怕了!街上全是尸体,死了很多人!"

"死了很多人?在哪儿?又打仗了吗?"牛顿感到很不解。

约翰平复了一下情绪,说道:"你一点儿也不知道吗?伦敦爆发了一场大瘟疫,我刚从那儿回来。满大街都是尸

体，真是太惨了！"

"什么？瘟疫？"牛顿顿时紧张起来，他十分清楚瘟疫的可怕。牛顿所指的瘟疫就是黑死病，也就是鼠疫。这种病一旦在少数人身上发病，很快就会扩散到周围区域，让生活在这里的人都染病。

事实上，那时的人们对黑死病并不感到陌生，因为它多年以前就在欧洲大陆上疯狂肆虐过，数以千万计的人因此丧命。刚染上这种病时，人的生活并不会受到影响，只是肺部和腋下会长出一些黑斑。千万别小看了它，很多人就是因为对它重视不足才导致病情加重，到达不可挽回的地步的。

在牛顿的印象中，得了黑死病死掉的人身上的皮肤都是紫黑色的，很是恐怖。这就是一向沉稳的他顿时紧张起来的原因。

黑死病把整个伦敦地区笼罩在了一片令人恐惧的气氛当中，一时间，这里变成了人间地狱，没过多久，就有超过八万人死亡。不过，黑死病却并不想就此收手，在伦敦闹够了之后，又开始往周围的地区蔓延。

由于剑桥离伦敦只有短短五十公里，这里自然成为了黑死病的"重点照顾对象"。仅仅过了几天，剑桥就发现了黑死病的病例。

由于瘟疫开始侵袭剑桥，往日里异常热闹的斯托尔桥市集也变得空荡荡的，一片死气沉沉。学校里，学生和老师都躲在宿舍和教室里，不愿踏出门半步。屋子里非常憋闷，空气很污

浊，可大家仍然坚持紧闭门窗，不给病魔闯进来的机会。

面对眼前的情形，校长也觉得不能再这样下去了，让师生们继续待在这里迟早会出大事的。他不得不做出了遣散全校师生的决定，让他们到远离疫区、空气清新、人口密度较小的乡下去避难。

就在牛顿准备和大家一起离开剑桥的时候，他收到了母亲汉娜的来信。原来，现在全国都知道了伦敦闹瘟疫的事情，汉娜非常挂念自己的儿子，特意来信询问他的状况。

为了让母亲放心，牛顿赶紧写了封回信，寄了出去，接着就坐上了奔赴乡下的马车。

路上，牛顿想，自己的家乡伍尔索普村远离剑桥，那里空气清新，风景宜人，是个避难的好地方，更何况那里还有自己的家人。想到这么长时间都没和他们见面了，牛顿心里便有了回家的想法。于是，他立刻跳下车去，与同学们告别，坐上了一辆去往家乡的马车。

经过三天的奔波，牛顿终于回到了阔别已久的伍尔索普村。母亲汉娜见到他后，激动地冲上去抱住了他，说道："我的儿子，你终于回来了，我好想你啊！"

"我也想您，弟弟妹妹们还好吗？"牛顿问道。

"他们很好，现在正在农场干活呢。听说伦敦闹瘟疫死了不少人，剑桥那边情况也不怎么样，看到你平安无事，我就放心了。"

"嗯,我没事,家里一切都还好吧?没有我帮忙,您会不会很累?"

"有你在我身边帮忙我更累!"母亲说完这句话后,和牛顿一起笑了起来。

成长加油站

大学毕业后,牛顿正兴致勃勃正打算步入自己的理想生活,突如其来的大瘟疫让这一切都成为了泡影。面对严酷的现实,牛顿只好离开学校,回到了家里。不过,这并没有阻碍牛顿成为一个伟大的科学家。

通过这场瘟疫风波,我们可以明白当遇到一时无力改变的困难局面时,不如后退一步,暂时向现实妥协,避开残酷现实的锋芒。这并不意味着失败,相反,这将为以后的成功打下了基础。小朋友,你明白了吗?

延伸思考

1. 黑死病的那些特点让牛顿感到害怕?

2. 牛顿回到伍尔索普村是出于哪些考虑?

第十七章　发明微积分

　　再次回到伍尔索普村，牛顿感慨万千。几年前他从这里离开的时候，还只是个成天跑到树林里死啃书本的少年，今天的他已经是科学界一颗闪亮的新星了。不过，在他离开的这段日子里，村子里并没有发生什么大的变化，一切看起来还是那么熟悉，那么让人感到亲切。

　　牛顿走在乡间小路上，学者的气质让他看起来无比精神。他遇到了很多从前一起上小学的同学，他们大多都在自己家的农田里干活。看到牛顿回来了，大家都聚了过来，问他在剑桥的所见所闻。牛顿一点儿架子也没有，还像从前那样热情地和他们聊着，小路上充满了大家的欢声笑语。

　　通过几年的大学学习，牛顿的学识已经丰富到了难以用语言来形容的程度。好像什么都知道，正因如此，人们只要遇到不明白的问题，就会来向他求教，他也总是很乐意为大家解答各种问题。看到儿子如今的模样，汉娜乐在脸上，喜在心里，因为她知道当初让儿子去读书的决定是对的。村民们也很感慨，都说汉娜是个有福气的人。

牛顿在《杂录》中的记载

虽然不在学校，但牛顿的研究并没有因此而受到影响。为了有一个良好的研究环境，牛顿在农场里选了块地方，发挥他那与生俱来的动手能力，给自己盖了一间书房。屋子里书架、书桌、椅子等一应俱全，都是他亲手制作的。

从继父史密斯那里继承来的笔记本派上了用场，牛顿早期的研究记录都记在这上面。日子久了，本子里的内容已经相当丰富了。为此，牛顿特意给它起了个名字，叫《杂录》。

在这间小小的屋子里，牛顿经常一待就是一天，累了就趴在桌子上休息一会儿，吃饭也在这里解决。他不断地提出问题，并尝试着用自己的方法来解决这些问题。每当完成一项研究后，他就会再次提出新问题，然后加以解答，依次循环。

当时，牛顿并没有察觉到他的这些研究已经走在了那个时代的科学前沿，因为远离了外界的干扰，得以顺顺利利地把研究进行下去。

尽管此时的大瘟疫给全英格兰带来了巨大的恐慌，但各种奇思妙想就像潮水般地在牛顿的脑海中涌现出来。万有引力定律、光学理论等都是在那个时候被牛顿提出的。不过，这一时期牛顿最伟大的研究成果并不是这些，而是微积分。

第十七章　发明微积分

自从回到家以来，牛顿的大脑中就在思考着一个问题：能不能将笛卡尔的《几何学》与沃利斯的《无穷算术》这两本书中的理论合二为一，并结合自己之前的研究成果，创建一种全新的数学工具呢？

自从有了这个想法，牛顿就开始马不停蹄地展开了研究。随着研究的不断深入，他越来越觉得自己的想法是可行的，这种全新的数学工具的模样正在由起初的模糊不清变得越来越清晰。微积分从提出到最后成形，仅仅用了一年多的时间。能够在如此短暂的时间内创建一种全新的数学工具，足见牛顿的天才之处。

那么，微积分到底是什么呢？它的神奇之处又在哪里呢？按照牛顿的说法，把一个事物"无限细分"就叫做微分，像计算一个物体移动的瞬时速度，曲线的切线等都可以通过微分来解决；和微分相对，把一个事物"无限求和"就叫做积分，如果想要求出曲边三角形的面积，用积分是再好不过的方式了。除此之外，微分和积分还可以互逆，正着用反着用都可以，使用起来非常灵活。

正是因为有了微积分这个工具，人们才可以轻而易举地解决非常复杂的数学问题。今天的科学家都承认这样一句话："没有微积分就没有现代数学！"可见微积分对科学进步的影响是多么大。

随着时代的发展，牛顿的微积分得到了更为广泛的运用。自然界是充满着各种变化的，想要在这让人眼花缭乱的无穷变化中

物理学之父牛顿

找到规律，就必须重视起微积分。比如，在研究物理中的热学问题时，就要对物体的冷却与加温进行处理，这需要仔细地计算物体做功的变化速度或它的位置与变数。这些复杂得让人看了就头大的计算如果离开微积分，是根本不可能得到答案的。

现代科学家们还将微积分比喻成一把解剖大自然的手术刀，可见它在科学家们心目当中具有无可取代的位置。

成长加油站

微积分是牛顿最伟大的发明，它让人类拥有了一把解剖大自然的手术刀。微积分正是牛顿回到伍尔索普村避难期间取得的研究成果，可见，外面肆虐的黑死病并没有给牛顿的研究带来任何阻碍。

牛顿虽然远离了学校，但他却取得了在学校时都没能取得的伟大成就。小朋友，其实，在哪里做事并不重要，只要我们的目标明确，意志坚定，就一定能把事情做好。

延伸思考

1. 从牛顿回到伍尔索普村后，和小学同学们的沟通中，可以发现他是个怎样的人？

2. 微分和积分是什么样的数学工具？

第十八章　苹果带来的启示

牛顿回到伍尔索普村的第二年，村里的人都在为扩大土地的种植规模而忙碌着。他家自然也不例外。虽然母亲汉娜不可能因为扩建农田将牛顿的书房拆掉，但白天大家在外面劳作的时候，各种声音还是会接二连三地从窗口传进来，打乱牛顿的思绪，让他不能安心研究或看书。

牛顿完全理解母亲和村民们的做法，并没有因此向大家提出"抗议"，而是带着书本，像过去那样，找一个安静的地方研究、学习。

这年秋天，一个阳光明媚的午后，牛顿来到了一棵苹果树下，准备在这片令人愉悦的氛围中读读书，顺便思考几个问题。树上那红彤彤的苹果是那么诱人，可牛顿只是将它们当作是这愉快气氛中的一些点缀。

此时牛顿看的是著名天文学家哥白尼的《天体运行论》，按照书中的说法，地球是围绕着太阳运动的，太阳是恒定不动的，太阳是宇宙的中心。

牛顿对书中结论的前半部分是认可的，但后半部分说太

阳是宇宙的中心，就让他感到一种莫名的疑惑。直觉告诉他，这里面一定有问题。

牛顿觉得，既然要研究这个问题，就得把宇宙的运行规律搞清楚，否则一切就无从谈起。于是，他就开始思考如何开展起这方面的研究。

他的大脑飞速运转着，没过多久就有了思路。他想：要是宇宙里的星球都遵照着相同的法则运行着，那么只要弄清月亮与地球的关系，一切就都迎刃而解了。那么，月亮为什么要绕着地球运转呢？

想着想着，只听"砰"的一声，一个熟透的苹果从天而降，恰好落在牛顿旁边，一下将他从思考中带回了现实。

"嘿，谁在开玩笑呢？"牛顿一边朝四处张望，一边喊着。可周围除了风的声音，一点儿人的气息也没有。看来，这个苹果是自己从树上掉下来的。

牛顿将苹果捡了起来。突然，一个自己从未思考过的问题一闪而出：苹果离开树以后，为什么会垂直落到地上，而不是往左右移动，或是干脆飞到空中去呢？别看大家都不把这当回事，在牛顿眼里，它可非常值得研究一番呢！

牛顿一边思考着这个问题，一边将它与星球的运动联系起来。这又让他提出了另一个类似的问题：为什么月球要绕着地球运行，而不是沿着直线运行下去呢？到底是什么力量让它始终不能脱离地球的控制呢？难道是地球把它拉住了吗？

对于地球和太阳来说也是一样，到底是什么让地球不停

第十八章 苹果带来的启示

围绕着太阳运转呢?牛顿用力将手中的苹果抛到了空中,可几秒钟后,它又落到了地上。

"地球一定存在着一种肉眼看不到的拉力,正是它将苹果拉到地面,将月亮'困'在地球身边的!"牛顿恍然大悟地说道。一会儿,他又进一步联想到了地球与太阳间的关系,说道:"如果是这样的话,太阳也存在着这样的拉力。地球正是拜它所赐,才会每天绕着太阳疲于奔命。"

牛顿想清楚这点后,就给这种星球产生的拉力起名为引力。不过,一个新问题又出现了:为什么苹果受到地球的引力会落到地面上,月球受到地球的引力就要不停转圈呢?牛顿的思维就是这么快,总是能不断发现新的问题。

这时,伽利略提出的惯性理论给了他解释这个问题的灵感。按照伽利略的说法,宇宙中的一切事物都在运动,月球在刚形成的时候就获得了一个初速度,同时月球又被地球巨大的引力牢牢锁住,这使得它一边坠落,一边往水平方向移动。在两者运动方式的共同作用下,月球就可以不停地绕着地球运转了。

"这真是个大胆的想法,相信它一旦公布后,一定会引起轰动的!"牛顿高兴地想着。不过,一

牛顿的苹果树

向沉稳、谨慎的他决定通过其他方法来证实自己的判断，等到一切都无懈可击后，再将它公之于众也不迟。

在不断的推导中，牛顿对引力的认识越来越清晰了。他还将引力概念推广到一切物体上去，发现引力是一种相互作用的神奇力量，任何物体都有自己的引力。地球吸引月亮，月亮也吸引着地球，只是因为地球的"力气"比月球大，所以月球才会不停地绕着地球运转；同理，地球吸引着苹果，苹果也吸引着地球，只是因为苹果的"力气"太小了，简直可以忽略不计，所以才会被地球"拉"到地上。事实证明，牛顿关于引力的论述是完全站得住脚的。

此时的牛顿心中无比喜悦，简直像当初发明微积分时那样高兴。晚上，回到家里，又一个问题出现了：既然地球、月亮和太阳之间都有引力存在，引力的大小会不会随着它们间距离的不同而改变呢？会不会离得越远，引力就越小呢？

很快，牛顿又从开普勒第二定律上找到了回答这个问题的灵感。按照开普勒第二定律，太阳与围绕它运转的星球的连线，在相同时间内，扫过的面积是相等的。牛顿换了种思维，倒过来理解这个法则，将它反推回去，又有了全新发现，这就是平方反比定律。

平方反比定律阐明了两个物体的距离与引力大小间的关系，即两个物体之间的距离增加一倍，两者间的引力减小四分之一。用这个定律就可以计算出地球与月亮间的引力。

牛顿越想越觉得有意思，兴致越来越高，干脆又用微积分

计算起地球引力来。不过，要想得到准确的答案，就得知道地球的半径有多大。那时各方面条件都很简陋，人们很难获得地球半径的确切数值，这使得牛顿没能得到满意的计算结果。

不过，既然已经有了充足的理论依据，想要得到地球引力的确切数值只是时间问题。于是，牛顿就暂停了这方面的研究。直到1670年，人们测得了精准的地球半径后，牛顿才算出了地球引力的大小。

成长加油站

一个小小的苹果带给了牛顿极大的灵感，让他发现了万有引力定律。这些在常人面前不值一提的小细节在牛顿眼中有着另一种魅力，正是这些小细节推动了人类的进步，丰富了人们的认知。

小朋友，其实生活中到处都可以找到值得我们关注的小细节。虽然它们往往会被我们忽略，但你只要仔细观察，就能发现它们的价值。谁能保证你不是下一个牛顿呢？

延伸思考

1. 牛顿将哪些问题同苹果下落的现象联系在了一起？

2. 用哪个定律可以计算出地球与月亮间的引力？

第十九章 墙上的"彩虹"

在计算地球引力遇到瓶颈后，牛顿感到有些郁闷。他拿起酒杯倒了一杯酒，一个人喝了起来。对此，牛顿有自己与众不同的人生哲学，他认为适量喝一些酒能够带给人美妙的感觉，这样就可以暂时从"苦海"中脱离出来。显然，此时牛顿面前的"苦海"就是计算地球引力时遇到的挫折。

一杯酒下肚后，牛顿的心情果然好了很多。"既然计算地球引力暂时无法取得进展，我不妨转移一下视线，研究一下别的领域吧！"牛顿这样对自己说。

很快，牛顿就从挫折带给他的阴影中走了出来，将视线转向了同样让他感兴趣的光学领域，这里有太多谜团等着他去解答。

在当时，对于太阳光的颜色，研究者们各执一词，有人说是白色的，有人说是蓝色的，还有人说是红色的。他们都能煞有其事地提出一堆所谓的"科学理论"来支持自己的观点。

显然，这么多种论调同时出现，它们中的绝大多数都是错误的，甚至没有一个是对的。牛顿坚信这点，因此就开始

第十九章 墙上的"彩虹"

在这方面展开了研究。

一天,牛顿将自己在剑桥大学读书期间购买的三棱镜放在桌上,就吃饭去了。饭后,他回来继续研究,却发现屋子的墙上出现了一道"彩虹"。

"奇怪,彩虹怎么会出现在屋子里呢?"牛顿感到很纳闷。这时,他无意间朝桌子上看了一眼,发现窗外的阳光不偏不倚地照在了三棱镜上。

"难道是这个三棱镜搞的把戏吗?"牛顿用手将三棱镜挪了挪,发现"彩虹"的位置果然发生了变化。"嘿,这可太新鲜了,原来三棱镜还可以用来制造'彩虹'。"

兴奋过后,牛顿的大脑又开始思考起来。他想:"彩虹"是太阳光穿过三棱镜后产生的,而三棱镜又是无色的,这不就说明"彩虹"里的七种颜色都来自太阳光吗?

"这真是个让人振奋的发现!"牛顿的心情一下好了起来,他给这种现象起名叫光的色散。"看来,那些学者们提出的有关太阳光颜色的理论没一个是正确的。太阳光是由七种颜色不同的光组成的复色光,而不是只有一种单一的颜色。"

弄清太阳光的本质后,牛顿脑海中又闪出了一个问题:蜡烛燃烧时产生的光是不是也和太阳光一样,是复色光呢?为了弄清这个问题,他把屋子的窗帘全部拉上,发现还是不够黑,就又跑到外面,用几块木板挡住了窗户。

"嘿,牛顿,你在干什么?"在田里耕种的朋友看到牛顿这反常的举动，不解地问。

"我正准备研究一下蜡烛的光，所以得把屋里弄得黑一些。"牛顿回答说。

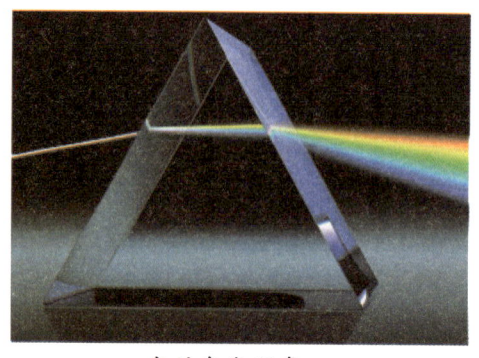

光的色散现象

"晚上再研究不可以吗？那时周围的环境自然是黑的，用不着你再这样折腾一番了。"

"我现在就想知道答案，已经等不及了。"说完，牛顿就钻进了屋子，迫不及待地将蜡烛点燃了。接着，他把三棱镜拿到蜡烛旁边，只见对面的墙上立刻出现了一道"彩虹"。"原来烛光也是复色光。"牛顿高兴地说道。

牛顿发现，墙上的"彩虹"是按照红、橙、黄、绿、蓝、靛、紫的颜色顺序排列而成的。牛顿把这称为光谱。

现在，又有一个问题摆在了牛顿的眼前：太阳光通过三棱镜后，里面这七种不同颜色的光为什么会彼此分离呢？牛顿想了想，觉得这一定和光的折射有关。

经过一番研究，牛顿发现不同颜色的光，在玻璃中的折射率也不同。这样，当太阳光射入三棱镜后，它们就会按照自己的折射率从三棱镜中折射出来，这就产生了光的色散，出现了"彩虹"。

第十九章 墙上的"彩虹"

之后，牛顿又把两个三棱镜一前一后地放置在光路上，结果发现墙上的"彩虹"消失了，只有一个白白的光斑。而当他拿走其中一个三棱镜时，"彩虹"用重新出现在了墙上，这证明牛顿之前对光的色散现象给出的解释是完全正确的。

成长加油站

牛顿无意间的一个发现让他解开了隐藏在太阳光中的谜团，他的求知欲望非常强烈，以至于不想浪费一分一秒的时间。正是这种不停探索的精神最终帮他成功解释了光的色散现象。

牛顿的这段经历同样可以带给我们很大的启示。小朋友，当你在平时遇到了什么新鲜的事情时，一定要善于分析事情发生的原因，时刻保持一颗对知识充满向往的心。这样才能让你在成长过程中不断进步。

延伸思考

1. 牛顿是怎样从研究地球引力失败的"苦海"中解脱出来的？

2. 太阳光是由哪几种颜色的光共同组成的？

第二十章　科学新星

1667年4月，正当牛顿在家里研究得正起劲时，伦敦着了一场非常大的火，烧毁了很多房屋。尽管这对倒霉的伦敦人来说是一场巨大的灾难，可在灾后，他们却都觉得自己因祸得福。

原来，大火着起时，那些传播瘟疫的蚊虫和老鼠被烧死了一大半。肆虐一时的大瘟疫终于消停了。无独有偶，剑桥附近的瘟疫也被平息了。

没过多久，瘟疫过去的消息就传遍了全国。听说了这件事后，牛顿几乎高兴得跳了起来，因为他不久后又可以回到那令他日夜挂念的剑桥大学了。

一天，一个学生模样的人路过了伍尔索普村。这时，牛顿正在外面的苹果树下思考问题，看到那个满是书生气的人时，心情顿时愉悦了起来。

"嘿，朋友，你要去哪儿？"牛顿问道。

"我正要到剑桥大学去呢！那里已经重新开学了。"学生回答说。

"哦，是这样啊。我也准备到剑桥大学去呢，我是那儿的一位研究员。"牛顿说道。

学生听了很惊讶，也很开心，说道："这么巧？真是太好了！那我们一起去学校吧！"牛顿同意了。他马上回到自己的屋子，带上一切研究资料，包括那本厚厚的《杂录》。

之后，牛顿匆匆找到母亲汉娜和弟弟妹妹们，和他们道了别，就踏上了前往剑桥大学的路。

三天后，他们顺利抵达了剑桥大学。这里的一切还是那么让牛顿感到亲切，他恨不得趴下来亲吻这片令他魂牵梦绕的土地。学校里的各项教学活动都已经得到了恢复，一片生机勃勃的景象。

听说牛顿回来了，学校里的领导们非常高兴，为他召开了一场简单却又不失氛围的欢迎仪式。之后，他就被安排到了一间比较高级的宿舍里，还得到了一间研究室。

不过，这时的牛顿并没有急着将自己在家期间取得的研究成果公之于众，而是充分利用起学校的科研环境，试图让自己的成果更加完善。他除了吃饭、睡觉，几乎所有的时间都在刻苦认真地搞研究。很快，他的吃苦耐劳就得到了很多学校领导的肯定，大家都觉得他这个人非常努力，以后肯定能在科学领域大有作为。

半年后，剑桥大学三一学院举行了对主修课研究员的任命仪式。这次一共有三人得到了任命，其中就包括牛顿。这

个职位和今天的大学讲师差不多。

当上了主修课研究员后,牛顿的生活一下子变得滋润了起来。

这时的他不缺生活用品,也不缺钱,从学院获得的收入不仅足以维持他的日常生活开销,还让他得以购买一些以前想都不敢想的实验器材、原料。

学院里的伊萨克·巴罗教授对牛顿的数学天赋非常认可,只要一有相关的研究课题,马上就来找他一起参加。这期间,牛顿开始研究起了三次方程、三维空间里的曲线,这可比以前那些数学问题棘手得多。

这时的牛顿已经将那套科学的研究方法运用得滚瓜烂熟,他想既然三维空间里的曲线类型那么多,不如先将它们梳理起来,再一点点加以细分。开始进行这项工作没多久,他的微积分思想就派上了用场,这让他的研究效率倍增。别人往往需要十天半个月才能理清的头绪,他只需要一会儿就完成了。最终,他把三维空间里的曲线分成了58个不同的类型,把它们都记在了本子里。

一天,巴罗教授给牛顿拿来一本名叫《对数术》的书,说道:"这本书里面的东西很新颖,也许是我们今后的研究方向呢!"牛顿接过书一看,书皮上写着作者是尼古拉斯·墨卡托,一位皇家学会成员。

翻开书一看,里面的内容顿时让牛顿感到非常吃惊。原

来这位名叫尼古拉斯·墨卡托的人有了和他一样的发现。墨卡托在书中陈述了一种计算无穷级数对数的方法。不过和牛顿的方法比起来，它还比较简陋，仅仅是由为数不多的几个无限数列推出来的，缺乏论证，没有足够的说服力。而这些也仅仅是牛顿在家乡研究时碰到了几个特例罢了。

直到这时，牛顿才意识到自己之前做的一系列研究都是有价值的，并且远远走在了别人的前面。于是，他试着向巴罗教授透露了一点儿他的研究成果。巴罗教授听了之后，简直不敢相信自己的耳朵，他被这些成果深深地震撼住了。想不到之前一直被他追捧的尼古拉斯·墨卡托的研究成果在自己眼前这位年轻人面前是那样的渺小。

巴罗教授极其赞赏牛顿，还鼓励牛顿把自己的研究成果发表出来。牛顿也很高兴，他意识到这些东西一经发表，必然会推动科学的进步，自己正在为全人类做一件大事。想到这里，他一头钻进了研究室，开始将那些沉睡在脑海中、笔记本里的研究成果整理出来。

经过几天的努力，牛顿写成了一篇名叫《对无穷级数的分析》的论文。之后，

伊萨克·巴罗画像

物理学之父牛顿

牛顿找到巴罗教授,打算托他将这篇论文寄给皇家学会的数学顾问约翰·柯林斯先生。巴罗教授高兴地答应了。

不过,牛顿却嘱咐巴罗教授说:"您先别说这篇论文是我写的。"这让巴罗感到很疑惑,说道:"这么有价值的论文,为什么不署上你的名字呢?要知道这可是个扬名立万的好机会啊!"

牛顿只是不好意思地挠着头,回答说:"总之现在还不是时候,您先别在上面署我的名。"巴罗教授了解牛顿,觉得他这么做一定有他自己的考虑,就答应了下来。

这篇论文寄出去几天后,牛顿就收到了柯林斯先生的回信。柯林斯先生心中的兴奋从字里行间洋溢出来,他极力赞赏了这篇论文中提到的新观点,还说用世界上任何赞美之词来歌颂它都不为过。

直到得到了皇家学会的肯定,牛顿才同意公开自己的身份。巴罗教授马上又给柯林斯先生写了一封简短的信。信上说:"我非常高兴地告诉您,之前那篇《对无穷级数的分析》是我的一位好友写的,他的名字叫艾萨克·牛顿。他是我们学院的一位研究员,虽然很年轻,但在数学方面的造诣已经超过我们这里所有人了。"

就这样,牛顿的名字随着这封信来到了首都伦敦的皇家学会。柯林斯先生听说了牛顿后,就非常想拜访他,但苦于一直抽不开身,只能通过写信的方式和牛顿联系。

尽管有很长时间他俩都见不到面，但这并不影响两人间的学术交流。每次在信中，牛顿都会向柯林斯透露一些自己的思维片段，但他从不肯多说，只是点到为止，这吊足了柯林斯的胃口。

牛顿虽然从没有去过皇家学会，但通过柯林斯这位免费的"代言人"，他已经成了学会中那些科学家们口中的风云人物。柯林斯经常把牛顿寄给他的研究片段拿给其他科学家一起阅读。大家读了之后都有一种醍醐灌顶、耳目一新的感觉，纷纷夸赞牛顿那高超的数学水平。

毫无疑问，这时的皇家学会内刮起了一阵强大的"牛顿旋风"，人们的目光都集中在了这颗冉冉升起的科学新星身上。此时，牛顿在剑桥大学里的名气也比之前更大了，走到哪里都会成为别人眼中的焦点。尽管牛顿身上已经有了一个非常耀眼的光环，但他并没有感到飘飘然，而是不为所动，继续刻苦努力地进行研究。自然，他的这些举动都被大家看在眼里。人们纷纷称赞他身上的这种优秀品质，对他更加景仰了。

一些在学术界有着极高地位的科学家也开始给牛顿写信，他们在牛顿面前放低了自己过去昂首挺胸的身段，变得谦虚、含蓄、委婉。在这些人中，有一位来自苏格兰的数学家，名叫詹姆斯·格里高利。他写信给牛顿，希望牛顿可以研究出一种"万能曲线解法"，这样就可以快速解出所有曲

线了。对此，牛顿自然非常乐意，欣然接受了。

成长加油站

回到剑桥大学后，牛顿渐渐认识到自己在家期间进行的研究具有很高的科学价值。不过，内敛、低调的牛顿对这件事的态度很谨慎，没有急着让自己扬名立万。

牛顿之所以这样做，是担心其他科学家可能已经有了和自己一样的研究成果。为了消除顾虑，他决定在得到皇家学会的确定后，再公开自己的名字。

从牛顿的这段经历中，我们可以明白一个道理：在遇到自己不确定的事情时，千万不要急着下定论或开始进行下一步，要等确认无误之后再往下进行。各位小朋友，你们一定要把它牢记在心哦！

延伸思考

牛顿在科学界崭露头角，离不开谁的帮忙？

第二十一章　担任教授

两年后的1669年，牛顿的名气已经非常大了。他虽然没有在皇家学会工作，但在其他人看来，他在哪里做研究并没有区别，因为无论在任何地方，他都会是研究团队的灵魂人物。

牛顿与巴罗教授的合作关系还是那么稳固，他们既是研究工作中的搭档，又是生活中的朋友。

巴罗对牛顿的信任是不用怀疑的。一次，他准备发表自己的著作《光的讲义》，特意找牛顿来帮忙修订稿件。在稿件中，巴罗认为人眼看到的颜色与光的挤压、稀薄程度和运动状态有关。在这之前，牛顿已经通过一个实验推翻了这个说法，所以就将稿件中的观点修正了过来，并附上了自己在实验中得到的结果。巴罗看到牛顿的修改意见后，表示非常赞同，还特意到牛顿的宿舍去道谢。

其实，这时的巴罗教授年岁已经很大了，他在很多年前就开始考虑卸任的事情了，只是因为一直没有找到合适的接班人，所以才迟迟没有动作。自从认识了牛顿，他渐渐发现这个年轻人不仅博学，而且睿智、精明，在数学、光学等领域造诣很深，已经超过了自己。更重要的是，牛顿性格内

敛、含蓄、不张扬，具有科学家必备的一切优良品质。因此，让牛顿来接替自己的位置是再合适不过的了。

打定主意后，巴罗就对校领导说出了自己想要"退位让贤"的想法。不过，虽然学校领导都不怀疑牛顿的能力，但他毕竟太年轻了，剑桥大学从没出过像他这么年轻就当上教授的先例，因此有些保守的人就对巴罗的决定表示反对。

不过，在场的所有人中，没有比巴罗更了解牛顿的了。巴罗大声对大家说："年轻根本就不是问题，当教授主要是看他能不能带出优秀的学生，能不能在研究方面取得更高的成就，和他的年龄有什么关系呢？你们要改变那些老套的思维模式，把视野放宽一些。"

巴罗的话别说是在三一学院，就是在整个剑桥大学都是非常有分量的。最终，他力排众议，将牛顿推上了教授的位置。"巴罗让贤"的故事也在科学史上被传为了佳话。

相对于以前来说，教授的职位比较清闲，一周只需要上一次课，其他时间都可以由自己灵活安排。这不正是牛顿一直想要的生活吗？在不上课的时间里，他有大把大把的时间可以用来搞科学研究，完成自己的著作。

不过，牛顿却在某种程度上"辜负"了巴罗教授对他的信任，因为他并不是个称职的教授。他对教学并不是很重视，也没有什么好的教学方法，还不懂如何跟学生们交流。他没有将那些晦涩难懂的知识用深入浅出的语言讲述出来的能力，总是按照自己的节奏讲课。要知道，不是所有人都有像他一样聪明的头脑和理解能力。

渐渐地，前来听牛顿讲课的学生越来越少，他们大多是受不了牛顿那呆板、枯燥的授课方式。不过，讲台上的牛顿一旦进入状态，就沉浸在自己的科学世界里，像洪水决堤一样，滔滔不绝地讲个没完。结果往往是等他讲累了，停下来喝口水的时候，才发现教室里已经没几个人了。

日子久了，牛顿也意识到自己确实不擅长授课，这么下去只能误人子弟，于是就干脆向学院提出了申请，不再去上课了，而是专心搞自己的科学研究。

成长加油站

巴罗教授在与牛顿的相处过程中，发现牛顿不仅博学多才，还具有很多优秀的品质，因此顶住外界的阻力，将他推上了教授的位置。不过，巴罗教授似乎没有发现牛顿只适合搞科研，不适合从事教学工作，以致学生们都不爱听他讲课。

小朋友，我们只有把合适的事物摆到正确的位置上，才能最大限度地让它起到作用，否则很容易适得其反。请你一定要记住哦！

延伸思考

作为教授，牛顿的不称职都体现在哪些地方？

第二十二章　加入皇家学会

离开剑桥大学后，巴罗就来到了皇家教堂，做这里的祭司，经常有机会和国王查理二世见面。

一次，查理二世来到教堂，巴罗像往常一样和国王聊了起来。不过，这次他想要给国王看一件东西，这就是牛顿不久前寄给他的反射望远镜。

这个望远镜的结构非常精密，运用到的原理也很高深，国王看了之后，对它爱不释手，把玩了半天。他一边玩一边赞叹道："这件宝贝太神奇了，实在是了不起的发明啊！牛顿真是个天才！"

之后，国王建议巴罗把这个望远镜送到皇家学会去，那里集中了全世界最顶尖的科学家，他们一定也会对这个新发明感兴趣的。巴罗欣然接受了这个建议，他本人也早有这个想法。

牛顿制作的反射望远镜

第二十二章　加入皇家学会

几天后，巴罗带着牛顿的反射望远镜来到了皇家学会，没想到这架望远镜一经公开，学会内再次刮起了"牛顿旋风"。相比上次，这次的"牛顿旋风"刮得更猛烈，简直到了让人激动得无法呼吸的程度。学会内的科学家们将这架望远镜视为珍宝，未经牛顿本人同意，就迫不及待地向全世界公布了他的这一伟大成就。

得到了国王的赞许，再加上皇家学会的极力推崇，没过多久，牛顿的名字就传遍了整个欧洲。虽然牛顿搞科研的目的并不是为了出名，但这次他实实在在地成为了名人。

1671年冬天的一天，窗外飘着雪，牛顿一个人在研究室里撰写论文。这时，外面有人给他送过来一封信。他接过信一看，只见信是从皇家学会寄来的。

原来，皇家学会的科学家们都渴望着能和牛顿一起交流、研究，希望他可以加入皇家学会。牛顿读过信后很高兴，就回信说自己愿意到皇家学会与那些顶级科学家们一起探讨。就这样，1671年12月23日，牛顿成为了皇家学会的候补委员。

来到皇家学会没多久，牛顿就和这里的科学家们打成了一片。大家不满足于只让牛顿做个候补委员，要让他成为和其他人一样的正式委员，于是就联名向学会提出了申请。结果，在牛顿来到皇家学会的第20天，也就是1672年1月11日，他成为了这里的正式会员。这时他还不满30岁。

物理学之父牛顿

成长加油站

牛顿凭借着自己的才华，彻底征服了国王和皇家学会内的各位科学家们。正因如此，皇家学会才主动向他抛出橄榄枝。小朋友，请记住，我们一定要不断提升自己的能力、修养等，当你得到了大家的认可时，机会就会出现在你的眼前。

第二十三章 《原理》的问世

牛顿一生结交了很多好友,但真正称得上是挚友的只有少数几位。著名天文学家哈雷就是其中之一。他是个非常了不起的人,20岁从牛津大学毕业后,他独自跑到了一个南太平洋的荒岛上,在那儿建了一座天文台。之后,他利用这座天文台进行观测,没过多久就绘制出了南半球的星空图,轰动了整个欧洲。

除此之外,哈雷还担任过牛津大学几何学教授、皇家造币厂副厂长,发明了深海潜水钟,发现了月球运动加速的现象……总之,他同样是位伟大的科学家。

不过,这位伟人在研究过程中也遇到过不少困难。有一阵子,哈雷非常热衷于研究天体力学,他认为牛顿的平方反比定律和开普勒周期定律存在着某些联系,可却无论如何也证明不了这一点。这让他耿耿于怀,夜里总是睡不着觉。

为了去掉这块心病,哈雷甚至与胡克打赌,谁要是能在两个月内找到答案,谁就能获得一本价值40先令的书籍。当然,由此产生的一切费用都由输的一方承担。为了赢得赌

局，哈雷夜以继日地展开研究，不断思考。可是日子一天天过去了，眼看两个月的期限就快到了，他还是毫无头绪，这让他感到心急如焚。

到了日子，哈雷垂头丧气地来到约定的地点，他小声嘀咕着："反正我是研究不出来了，不如把希望寄托在胡克身上吧！要是他帮我找到了答案，我就是花40先令买一本书送他也愿意。"没想到，一会儿胡克也低着头来赴约了，显然，他也毫无头绪。和哈雷一样，他也把希望寄托在了对方身上，40先令就在他手里攥着呢。

得知双方都没有找到答案，两人并没有互相嘲讽对方，而是深感惋惜。赌局过后，哈雷认为不能再这么下去了，必须得找个人来帮帮自己。这时，首先出现在他脑海里的人就是牛顿。他不顾天色已晚，匆匆来到牛顿的住处。

牛顿热情地接待了哈雷，可哈雷顾不上和牛顿寒暄，开门见山地问道："牛顿，你说要是太阳的万有引力与行星到太阳间的距离成反比，行星会沿着怎样的曲线运动呢？"

"椭圆。"牛顿想都没想就脱口而出。

"为什么呢？"。

"我已经算过了。"牛顿平静地回答道。显然，以牛顿做事谨慎的态度，说出的这几个字自然是可信度极高的。他既然敢说，就证明他心里有足够的底气。

这句看似平淡的话让哈雷激动万分，他急切地问："你

是怎么算的，赶紧让我看看！快！"

"等一下，我给你找找。"牛顿马上翻箱倒柜地找了起来，可半天都没找到那张手稿。"算了，我重新再给你算一遍吧，到时候写篇论文给你送过去。"牛顿说道。

"好的，一定要快啊！"说罢，哈雷就高兴地离开了。几天后，牛顿将一篇名为《轨道中物体的运动》的论文交给了哈雷。哈雷只看了前两页，就被里面巧妙的解释方法深深折服了。怀着激动的心情，哈雷继续往后读。毫无疑问，后面的每条论证都是那么振聋发聩，让他越看越振奋，禁不住拍手叫绝。

在这篇文章中，牛顿首次提出了向心力的概念，还得出了向心力定律。之后，牛顿又用数学方法论证了引力反比定律，指出了动量是速度与质量的乘积。

哈雷一口气将整篇文章一字不落地看完，那个长久以来让他寝食难安的问题终于得到了解决。哈雷敏锐地意识到，这篇文章中的内容将会给天体力学的研究带来一场革命。为此，他请求牛顿继续扩充一下这篇论文的篇幅，以便出版。可一直忙着研究其他问题的牛顿哪有时间修改文章呢？这件事就耽搁了下来。

不过，即便如此，《轨道中物体的运动》的复印件却成了科学界的抢手货。那时候，谁要是没读过这篇文章，简直就没办法在科学界立足。

物理学之父牛顿

与此同时,牛顿在其他问题上的研究也取得了突破性的进展。他就像一个伟大的掌舵人,带领科学界不断向未知领域发起挑战。他将很多自己以前发现的定律扩展成了体系,写出了《论物体在均匀介质中的运动》这篇文章。

这是另一篇系统阐述力学原理的文章,里面不仅介绍了作用力与质量的关系,还得出了力等于质量与加速度的乘积的论断。

这时的哈雷还沉浸在牛顿上一篇文章带给他的喜悦当中,新论文中的观点更是让他喜上加喜。他再次找到牛顿,激动地对牛顿说:"你还是再考虑一下吧,把最近这两篇文章中的内容总结一下,写本书出版出来。相信我,这将是一本划时代的巨著!"

哈雷的这番表态让牛顿很受触动,给了他写书的决心。1685年,他开始潜心写作。写点儿什么好呢?这是摆在牛顿眼前的第一个问题。很快,他就决定采纳哈雷的建议,先将《轨道中物体的运动》、《论物体在均匀介质中的运动》这两篇文章中的内容再扩展一下。

这件事说起来容易,做

哈雷画像

起来可就不那么轻松了。牛顿越写越觉得需要补充的东西多得超乎想象。为此,他每天顾不上吃饭、休息,经常坐在书桌前一写就是十七八个小时。他的大脑时刻都在飞速运转着,把精力都用在了写书上。这段时间以来,他从不到外面散步,也不做任何娱乐活动,他觉得这些都是在浪费时间。

牛顿将自己前二十年取得的研究成果翻了个遍,还让那本早已尘封多年的《杂录》重新焕发了新生。牛顿想要在《杂录》中搜寻一些可以作为补充写进书里的内容,他果然没有失望,这本《杂录》里记载的很多解题过程都可以原封不动地搬到书里。

扩充完自己的两篇文章,牛顿发现自己大部分研究成果都派上了用场,并且都彼此紧密地联系了起来,构成了一个完整的理论体系,这让他感到很满足。不过,他又想,既然书已经写到这个程度了,不妨将自己的全部研究成果都写进去,也算是对多年来研究工作的一次总结。就这样,他又在书中划分出一个与主要内容关系较小的部分,作为附录,列举了他在其他领域的研究成果。

18个月后,一本名为《自然哲学的数学原理》(以下简称《原理》)的巨著诞生了。他迫不及待地将稿件重印了一份,交给了已经接替胡克当上皇家学会秘书的哈雷。

收到稿件,哈雷如获至宝,他马上就读了起来,连饭都顾不上吃了。书中的内容让他大开眼界,每读一页都能让他

的视野再变宽一些。他渐渐跟上了牛顿的思维，发现学会里的其他科学家和牛顿比起来，简直幼稚的像个婴儿。

牛顿的伟大超乎了哈雷的想象，这本《原理》足以让他名垂青史。哈雷一口气将书稿一字不落地读完了，这时他才发现外面的天已经亮了，他竟不知不觉地读了一夜！这时，他感叹地说道："不管以后多久，人们都将会赞美这部巨著的！"

1687年7月5日，《原理》出版了，它立刻在科学界引起了巨大的轰动。这轰动来得异常猛烈，以至于大多数科学家们还没做好心理准备，就要开始重新认识眼前这个世界了。

需要说明的是，《原理》的问世不仅离不开哈雷对牛顿的激励，还离不开他的资金支持。那时，出版一本书的花费是相当高昂的，皇家学会里科学家不少，可真正出过书的没有几个人，就是因为没钱。

哈雷在当时可是名副其实的富二代，他出身豪门，家里的钱多得花不完。为了尽快将牛顿这本巨著呈现在世人面前，他慷慨地拿出一大笔钱，让印刷厂加班加点地印刷，由他亲自来监督。除此之外，书稿的校对、整理、排版等一系列琐碎的工作也都由他一个人完成。

因为这本书，牛顿得到了"科学巨人"的美称，他的名字被刻在了皇家学会门前的荣誉墙上，就连国王也对他表达了祝贺。

第二十三章 《原理》的问世

可以说，正是读了牛顿这本书，哈雷才真正了解了世界，了解了宇宙中蕴藏的规律。多年后，哈雷对学会里的朋友们说："这本书真是太令人着迷了，可以让科学家们一见它就打起精神，忘记疲倦。"朋友们都表示认同，因为他们也曾像哈雷一样废寝忘食地读过这本书。

《原理》在科学界享有极高的地位，至今仍然被科学家们称作是"个人智慧的伟大结晶"。

成长加油站

其实，牛顿从第一次做科研时就已经在写这本《自然哲学的数学原理》，因为它不是一朝一夕写成的，也不是表面上的18个月写成的。它包含了牛顿取得的所有研究成果，是一本划时代的巨著。

小朋友，在牛顿编写《原理》这本书的过程中，我们可以了解到，伟大的成就是靠不断积累知识、经验，再加上勤奋、努力才能取得的。因此，我们从小就要树立起远大的志向，并为此不断努力奋斗，相信最后的成功一定属于我们。

第二十四章　从政生涯

在牛顿的巨著《原理》出版1年后，在英国不断崛起的资产阶级推动了一场革命，结束了詹姆斯二世的统治。因为这场革命并不像以往的变革那样充满暴力，整个过程中都没有一个人流血牺牲，所以历史学家们都称它为"光荣革命"。

革命成功后，国家的最高权力不再由国王掌握，而是转移到了议会，这让更多人拥有了表达内心想法的权力，社会变得更民主了。

这时，剑桥大学里也非常热闹，大家认为越是有知识、有能力的人，就越应该站出来为国家做些事情。他们要推举一位科学家进入国会，成为议员，来表达科学家们在治理国家方面的心声。

经过一番投票，牛顿以122票的高票数成功当选为剑桥区国会议员，进入到国会中。对于这个结果，牛顿十分满意，因为很多年以前他就有报效国家的想法，只是一直没遇到合适的机会。因此，这次当选，让他非常激动。

不过，进入到国会中后，牛顿却发现这里和自己以前想

象的不太一样。有些人为了让自己的提案得到通过，私底下竟然不择手段地干了很多见不得人的事情。他们玩着勾心斗角、尔虞我诈的游戏，并且乐此不疲，总想得到更多的权力。一心只想把国家建设好的牛顿怎么能与他们为伍呢？渐渐地，牛顿疏远了那些道貌岸然的伪君子，和真正致力于国家建设的议员们走到了一起。

从政以后，牛顿的生活有了很大变化。他不再像以前那样有足够的时间进行科学研究了，而是需要经常性地到国会去开会。为了让出行更方便一些，牛顿只好在伦敦租了一个小房间。

与剑桥相比，伦敦有着很大的不同。这里的人们都非常注重仪容仪表，走在大街上总是给人留下一种干净利落、精明能干的印象。牛顿见了他们就感到心情很愉快，于是他出门前也穿上自己的红色学袍，仔细把头发梳理好。

不仅如此，牛顿还让伦敦最著名的画家为他画像。当时，牛顿的《原理》不仅在科学界、政界产生了巨大的影响，还在民间刮起了不小的旋风。画家一看是牛顿请自己画像，心情非常激动，甚至没有收取他任何费用。

担任国会议员期间，牛顿因为自己巨大的影响力，在国会里非常受尊敬。不过，由于一些争权夺利的人总是在会议上出风头，他始终没有提交过任何议案，也没有公开发过言。他在大会上的唯一一句话是说给服务员的："风太大

了，请把窗户关上！"以后，这成了一桩逸闻，经常在大家欢聚的时候被提出来。

在议会里，牛顿结识了不少权贵人物，他刚进国会两天，国王威廉三世就邀请他共进晚餐。他还认识了蒙茅斯伯爵，并与自己以前的学生蒙塔古再度重逢。

当初在剑桥大学时，蒙塔古是极少数能够从始至终听牛顿把课讲完的人，他还经常向牛顿请教，两人一起讨论问题。日子久了，他们之间产生了深厚的师生情。

这时的蒙塔古已经在政界颇具盛名了。他的很多议案都在国会通过，并且得到了落实，让民众的生活有了很大的改善。他清楚牛顿的为人，知道牛顿和那些伪君子不是一路人。眼见牛顿的日子过得并不如意，他觉得自己有义务帮老师渡过难关。

1694年，蒙塔古当上了财政大臣，主管全国的财政工作。这时的他位高权重，一直想要帮牛顿在政府里谋个更好的差事。两年后，皇家造币厂厂长的位置出现了空缺，蒙塔古第一时间想到了牛顿，赶紧向国王推荐了他。国王同意后，蒙塔古立刻让牛顿做上了新任皇家造币厂厂长。

这个职位让牛顿的收入有了保障，他每年可以拿到五六百英镑的俸禄。在当时，五六百英镑对于普通人来说简直是个天文数字。三年后，他的年薪达到了惊人的一千多英镑！要知道，当年建造格林威治天文台才花了五百英镑。

造币厂厂长这个职务本来是个闲职，可牛顿却非常认真地对待。在造币厂，他的才能得到了发挥。除了主持铸造钱币以外，他还在不断研究如何提升铸造工艺、提高工作效率。为此，他制作了几种模具，分别对应不同面值的钱币。有了这些模具，就可以保证铸造出的所有钱币都一模一样了。

担任造币厂厂长时的牛顿

另外，牛顿还积极打击各种伪造钱币的行为。在之前，为那些伪造者定罪是很难的，因为他们铸造的钱币足以以假乱真，让人分不清真伪。不过，在牛顿改进了钱币的铸造工艺后，他们的好日子就到头了。这些人纷纷被法庭宣判有罪，得到了应有的惩处。

因为牛顿在造币厂卓有成效的工作，1705年，他被安妮女王封为爵士，有了更高的社会地位。

在主持造币厂工作期间，牛顿也没有荒废科学研究，他仍然与皇家学会的科学家们有着密切的来往。不过，牛顿却很少参加皇家学会组织的会议。这是因为胡克一直占据着学会秘书的位置，他与牛顿间的矛盾很深。为了避免冲突，牛顿尽量不去参加会议。

物理学之父牛顿

1703年，胡克去世了。皇家学会也逐渐衰落了，会员数量不到从前的一半。"光荣革命"后，政界的人坐上了学会主席的位置。他们满脑子都是政治，哪有心思听取科学家们的诉求呢？眼看皇家学会已经变了味，很多人都离开了这里。

而留下来的人则因为科学观点不同，分成了两派，互相视对方为敌人。他们经常在学会里发生冲突，甚至为了一点儿小事大打出手。整个皇家学会被他们弄得乌烟瘴气。

不过，在1703年11月30日，皇家学会脱离了继续衰败的轨道。这是因为牛顿在这一天当选为了新任皇家学会主席。这时的牛顿已经在政界生活15年了，对政客们处理问题的方式了如指掌。为了避免重蹈覆辙，他刚一上任，就仿照着政府部门的样子，制定了很多规章制度，来规范会员们的行为。同时，他还以身作则，鼓励大家和平相处，消除矛盾分歧，共同进步。

牛顿还将自己的《原理》一书摆在皇家学会的大厅里，对大家说："尽管在其他人看来，这是一部伟大的著作，但我认为它仍然不够完美，还有很多地方需要修修补补。这不应该是我一个人的事情，而是大家共同的事情。"说完这番话，周围响起了热烈的掌声。从此，皇家学会里又出现了从前那种积极向上的学术氛围，人人都在为自己的研究不断努力着。

后来，有不少历史学家都认为，要不是牛顿当选主席，皇家学会极有可能会在之后的十年里土崩瓦解。可见牛顿为挽救学会的命运做出了巨大的贡献。

成长加油站

"光荣革命"后，牛顿从一位科学家变成了一位政客。尽管他没能在议会中取得什么成绩，但在造币厂担任厂长期间，他尽职尽责，将一个原本被外人看成是闲职的职务做得异常充实。

小朋友，无论我们到了任何地方，都要时刻保持清醒的头脑，认真处理各种问题，不能马虎、松懈。只有这样，我们才能更好地适应各种环境，不断让自己得到成长。

延伸思考

牛顿担任造币厂厂长期间，都主持了哪些工作？

物理学之父牛顿

第二十五章 巨人离世

不知不觉，时间到了1726年，牛顿担任皇家造币厂厂长已经30年了。这时的他已经是位83岁的老人了，身体也大不如前了。为了尽量保持身体健康，牛顿变成了一个素食主义者，每天只吃一些简单的蔬菜，彻底和肉食断绝了联系。

不过，尽管牛顿试图让自己继续焕发出年轻时的活力，但人会逐渐衰老这个自然规律却是无法违背的。这年，牛顿得了一场大病，连行动都变得很困难了，只好暂时停下了造币厂的工作。朋友把他接到了伦敦西郊的乡下居住，这里空气清新，环境雅致，非常适合静下心来养病。

一段时间后，牛顿觉得身体已经好多了。不过，这里离造币厂实在是太远了，上下班很不方便，再加上自己的身体已经大不如前了，

晚年时的牛顿

造币厂厂长的职位逐渐让他感到力不从心。经过一番深思熟虑，他决定辞去造币厂厂长的职务，于是立即写信给国会。没过多久，他的辞职申请就得到了批准。

到了1727年，牛顿的身体又出了问题，病得比上次更严重。这时，他意识到生命的终点或许就要来了，就经常回忆自己的亲人、朋友以及这辈子的经历。每当想起这些时，他的脸上就会情不自禁地露出笑容。

一向以理性著称的牛顿知道生老病死是不可抗拒的自然规律，所以在生命中最后的日子里，他表现得非常坦然，一点儿也不悲伤。

1727年3月31日，牛顿在睡梦中安详地离开了人世。得知这个消息，整个英国都陷入到了巨大的悲痛之中。国王下令为牛顿举行国葬，这让他成为人类历史上第一个享受到这种待遇的科学家。

牛顿的葬礼场面非常大。出葬那天，成千上万的市民和贵族们夹道而立，大家脸上都挂着凝重的表情，人们沉默不语，低下头来为这位伟人默哀。

确实，一个为人类进步做出过巨大贡献的伟人值得人们为他做这些事。牛顿和他的《原理》一书也必定会永远在人类科学的不断发展中闪烁出耀眼的光彩。

物理学之父牛顿

成长加油站

牛顿虽然离我们远去了,但他身上那种坚韧不拔、勇于探索的精神至今仍然在影响着我们。小朋友,也许我们不能做到像牛顿那样伟大,可他却是我们成长过程中最好的学习榜样。当你遇到挫折,想要放弃奋斗的时候,不妨想一想发生在牛顿身上的故事,相信这一定会让你重拾信心,战胜困难的。